GRöLS Verlage

„Bücher sind wie Fallschirme. Sie nützen uns nichts, wenn wir sie nicht öffnen."

**Gröls Verlag**

## Redaktionelle Hinweise und Impressum

Das vorliegende Werk wurde zugunsten der Authentizität sehr zurückhaltend bearbeitet. So wurden etwa ursprüngliche Rechtschreibfehler *nicht* systematisch behoben, denn kleine Unvollkommenheiten machen das Buch – wie im Übrigen den Menschen – erst authentisch. Mitunter wurden jedoch zum Beispiel Absätze behutsam neu getrennt, um den Lesefluss zu erleichtern.

Um die Texte zu rekonstruieren, werden antiquarische Bücher von Lesegeräten gescannt und dann durch eine Software lesbar gemacht. Der so entstandene Text wird von Menschen gegengelesen und korrigiert – hierbei treten auch Fehler auf. Wenn Sie ebenfalls antiquarische Texte einreichen möchten, finden Sie weitere Informationen auf www.groels.de

Viel Freude bei der Lektüre wünscht Ihnen das Team des Gröls-Verlags.


**Adressen**

Verleger: Sophia Gröls, Im Borngrund 26, 61440 Oberursel

Externer Dienstleister für Distribution & Herstellung: BoD, In de Tarpen 42, 22848 Norderstedt

**Unsere „Edition | Werke der Weltliteratur"** hat den Anspruch, eine der größten und vollständigsten Sammlungen klassischer Literatur in deutscher Sprache zu sein. Nach und nach versammeln wir hier nicht nur die „üblichen Verdächtigen" von Goethe bis Schiller, sondern auch Kleinode der vergangenen Jahrhunderte, die – zu Unrecht – drohen, in Vergessenheit zu geraten. Wir kultivieren und kuratieren damit einen der wertvollsten Bereiche der abendländischen Kultur. Kleine Auswahl:

**Francis Bacon** • Neues Organon • **Balzac** • Glanz und Elend der Kurtisanen • **Joachim H. Campe** • Robinson der Jüngere • **Dante Alighieri** • Die Göttliche Komödie • **Daniel Defoe** • Robinson Crusoe • **Charles Dickens** • Oliver Twist • **Denis Diderot** • Jacques der Fatalist • **Fjodor Dostojewski** • Schuld und Sühne • **Arthur Conan Doyle** • Der Hund von Baskerville • **Marie von Ebner-Eschenbach** • Das Gemeindekind • **Elisabeth von Österreich** • Das Poetische Tagebuch • **Friedrich Engels** • Die Lage der arbeitenden Klasse • **Ludwig Feuerbach** • Das Wesen des Christentums • **Johann G. Fichte** • Reden an die deutsche Nation • **Fitzgerald** • Zärtlich ist die Nacht • **Flaubert** • Madame Bovary • **Gorch Fock** • Seefahrt ist not! • **Theodor Fontane** • Effi Briest • **Robert Musil** • Über die Dummheit • **Edgar Wallace** • Der Frosch mit der Maske • **Jakob Wassermann** • Der Fall Maurizius • **Oscar Wilde** • Das Bildnis des Dorian Grey • **Émile Zola** • Germinal • **Stefan Zweig** • Schachnovelle • **Hugo von Hofmannsthal** • Der Tor und der Tod • **Anton Tschechow** • Ein Heiratsantrag • **Arthur Schnitzler** • Reigen • **Friedrich Schiller** • Kabale und Liebe • **Nicolo Machiavelli** • Der Fürst • **Gotthold E. Lessing** • Nathan der Weise • **Augustinus** • Die Bekenntnisse des heiligen Augustinus • **Marcus Aurelius** • Selbstbetrachtungen • **Charles Baudelaire** • Die Blumen des Bösen • **Harriett Stowe** • Onkel Toms Hütte • **Walter Benjamin** • Deutsche Menschen • **Hugo Bettauer** • Die Stadt ohne Juden *und viele mehr….*

# Walter Benjamin
# Das Kunstwerk im Zeitalter seiner technischen Reproduzierbarkeit

## Inhalt

Die Begründung der schönen Künste und die Einsetzung ihrer verschiedenen Typen geht auf eine Zeit zurück, die sich eingreifend von der unsrigen unterschied, und auf Menschen, deren Macht über die Dinge und die Verhältnisse verschwindend im Vergleich zu der unsrigen war. Der erstaunliche Zuwachs aber, den unsere Mittel in ihrer Anpassungsfähigkeit und ihrer Präzision erfahren haben, stellt uns in naher Zukunft die eingreifendsten Veränderungen in der antiken Industrie des Schönen in Aussicht. In allen Küsten gibt es einen physischen Teil, der nicht länger so betrachtet und so behandelt werden kann wie vordem; er kann sich nicht länger den Einwirkungen der modernen Wissenschaft und der modernen

Praxis entziehen. Weder die Materie, noch der Raum, noch die Zeit sind seit zwanzig Jahren, was sie seit jeher gewesen sind. Man muß sich darauf gefaßt machen, daß so große Neuerungen die gesamte Technik der Künste verändern, dadurch die Invention selbst beeinflussen und schließlich vielleicht dazu gelangen werden, den Begriff der Kunst selbst auf die zauberhafteste Art zu verändern.

Paul Valéry: Pièces sur l'art. Paris [o. J.], p. 103/104

(„La conquête de l'ubiquité").

## Vorwort

Als Marx die Analyse der kapitalistischen Produktionsweise unternahm, war diese Produktionsweise in den Anfängen. Marx richtete seine Unternehmungen so ein, daß sie prognostischen Wert bekamen. Er ging auf die Grundverhältnisse der kapitalistischen Produktion zurück und stellte sie so dar, daß sich aus ihnen ergab, was man künftighin dem Kapitalismus noch zutrauen könne. Es ergab sich, daß man ihm nicht nur eine zunehmend verschärfte Ausbeutung der Proletarier zutrauen könne, sondern schließlich auch die Herstellung von Bedingungen, die die Abschaffung seiner selbst möglich machen. Die Umwälzung des Überbaus, die viel langsamer als die des Unterbaus vor sich geht, hat mehr als ein halbes Jahrhundert gebraucht, um auf allen Kulturgebieten die Veränderung der Produktionsbedingungen zur Geltung zu bringen. In welcher Gestalt das geschah, läßt sich erst heute angeben. An diese Angaben sind gewisse prognostische Anforderungen zu stellen. Es entsprechen diesen Anforderungen aber weniger Thesen über die Kunst des Proletariats nach der Machtergreifung, geschweige die der klassenlosen Gesellschaft, als Thesen über die Entwicklungstendenzen der Kunst unter den gegenwärtigen Produktionsbedingungen. Deren Dialektik macht sich im Überbau nicht weniger bemerkbar als in der Ökonomie. Darum wäre es falsch, den Kampfwert solcher Thesen zu unterschätzen. Sie setzen eine Anzahl überkommener Begriffe – wie Schöpfertum und Genialität, Ewigkeitswert und Geheimnis – beiseite – Begriffe, deren unkontrollierte (und augenblicklich schwer kontrollierbare) Anwendung zur Verarbeitung des Tatsachenmaterials in faschistischem Sinn führt. Die im folgenden neu in die Kunsttheorie eingeführten Begriffe unterscheiden sich von geläufigeren dadurch, daß sie für die Zwecke des Faschismus vollkommen unbrauchbar sind. Dagegen sind sie zur Formulierung revolutionärer Forderungen in der Kunstpolitik brauchbar.

# I

Das Kunstwerk ist grundsätzlich immer reproduzierbar gewesen. Was Menschen gemacht hatten, das konnte immer von Menschen nachgemacht werden. Solche Nachbildung wurde auch ausgeübt von Schülern zur Übung in der Kunst, von Meistern zur Verbreitung der Werke, endlich von gewinnlüsternen Dritten. Dem gegenüber ist die technische Reproduktion des Kunstwerkes etwas Neues, das sich in der Geschichte intermittierend, in weit auseinanderliegenden Schüben, aber mit wachsender Intensität durchsetzt. Die Griechen kannten nur zwei Verfahren technischer Reproduktion von Kunstwerken: den Guß und die Prägung. Bronzen, Terrakotten und Münzen waren die einzigen Kunstwerke, die von ihnen massenweise hergestellt werden konnten. Alle übrigen waren einmalig und technisch nicht zu reproduzieren. Mit dem Holzschnitt wurde zum ersten Male die Graphik technisch reproduzierbar; sie war es lange, ehe durch den Druck auch die Schrift es wurde. Die ungeheuren Veränderungen, die der Druck, die technische Reproduzierbarkeit der Schrift, in der Literatur hervorgerufen hat, sind bekannt. Von der Erscheinung, die hier in weltgeschichtlichem Maßstab betrachtet wird, sind sie aber nur ein, freilich besonders wichtiger Sonderfall. Zum Holzschnitt treten im Laufe des Mittelalters Kupferstich und Radierung, sowie im Anfang des neunzehnten Jahrhunderts die Lithographie. Mit der

Lithographie erreicht die Reproduktionstechnik eine grundsätzlich neue Stufe. Das sehr viel bündigere Verfahren, das die Auftragung der Zeichnung auf einen Stein von ihrer Kerbung in einen Holzblock oder ihrer Atzung in eine Kupferplatte unterscheidet, gab der Graphik zum ersten Mal die Möglichkeit, ihre Erzeugnisse nicht allein massenweise (wie vordem) sondern in täglich neuen Gestaltungen auf den Markt zu bringen. Die Graphik wurde durch die Lithographie befähigt, den Alltag illustrativ zu begleiten. Sie begann, Schritt mit dem Druck zu halten. In diesem Beginnen wurde sie aber schon wenige Jahrzehnte nach der Erfindung des Steindrucks durch die Photographie überflügelt. Mit der

Photographie war die Hand im Prozeß bildlicher Reproduktion zum ersten Mal von den wichtigsten künstlerischen Obliegenheiten entlastet, welche nunmehr dem ins Objektiv blickenden Auge allein zufielen. Da das Auge schneller erfaßt, als die Hand zeichnet, so wurde der Prozeß bildlicher Reproduktion so ungeheuer beschleunigt, daß er mit dem Sprechen Schritt halten konnte. Der Filmoperateur fixiert im Atelier kurbelnd die Bilder mit der gleichen Schnelligkeit, mit der der Darsteller spricht. Wenn in der Lithographie virtuell die illustrierte Zeitung verborgen war, so in der Photographie der Tonfilm. Die technische Reproduktion des Tons wurde am Ende des vorigen Jahrhunderts in Angriff genommen.

Diese konvergierenden Bemühungen haben eine Situation absehbar gemacht, die Paul Valery mit dem Satz kennzeichnet: „Wie Wasser, Gas und elektrischer Strom von weither auf einen fast unmerklichen Handgriff hin in unsere Wohnungen kommen, um uns zu bedienen, so werden wir mit Bildern oder mit Tonfolgen versehen werden, die sich, auf einen kleinen Griff, fast ein Zeichen einstellen und uns ebenso wieder verlassen“[1] . Um neunzehnhundert hatte die technische Reproduktion einen Standard erreicht, auf dem sie nicht nur die Gesamtheit der überkommenen Kunstwerke zu ihrem Objekt zu machen und deren Wirkung den tiefsten Veränderungen zu unterwerfen begann, sondern sich einen eigenen Platz unter den künstlerischen Verfahrungsweisen eroberte. Für das Studium dieses Standards ist nichts aufschlußreicher, als wie seine beiden verschiedenen Manifestationen Reproduktion des Kunstwerks und Filmkunst – auf die Kunst in ihrer überkommenen Gestalt zurückwirken.

[1] Paul Valéry: Pièces sur l'art Paris [o. J], p. 105 („La conquête de l'ubiquité").

## II

Noch bei der höchstvollendeten Reproduktion fällt eines aus: das Hier und Jetzt des Kunstwerks – sein einmaliges Dasein an dem Orte, an dem es sich befindet. An diesem einmaligen Dasein aber und an nichts sonst vollzog sich die Geschichte, der es im Laufe seines Bestehens unterworfen gewesen ist. Dahin rechnen sowohl die Veränderungen, die es im Laufe der Zeit in seiner physischen Struktur erlitten hat, wie die wechselnden Besitzverhältnisse, in die es eingetreten sein mag[2] . Die Spur der ersteren ist nur durch Analysen chemischer oder physikalischer Art zu fördern, die sich an der Reproduktion nicht vollziehen lassen; die der zweiten ist Gegenstand einer Tradition, deren Verfolgung von dem Standort des Originals ausgehen muß. Das Hier und Jetzt des Originals macht den Begriff seiner Echtheit aus. Analysen chemischer Art an der Patina einer Bronze können der Feststellung ihrer Echtheit förderlich sein; entsprechend kann der Nachweis, daß eine bestimmte Handschrift des Mittelalters aus einem Archiv des fünfzehnten Jahrhunderts stammt, der Feststellung ihrer Echtheit förderlich sein. Der gesamte Bereich der Echtheit entzieht sich der technischen und natürlich nicht nur der technischen – Reproduzierbarkeit[3] . Während das Echte aber der manuellen Reproduktion gegenüber, die von ihm im Regelfalle als Fälschung abgestempelt wurde, seine volle Autorität bewahrt, ist das der technischen Reproduktion gegenüber nicht der Fall. Der Grund ist ein doppelter. Erstens erweist sich die technische Reproduktion dem Original gegenüber selbständiger als die manuelle. Sie kann, beispielsweise, in der Photographie Ansichten des Originals hervorheben, die nur der verstellbaren und ihren Blickpunkt willkürlich wählenden Linse, nicht aber dem menschlichen Auge zugänglich sind, oder mit Hilfe gewisser Verfahren wie der Vergrößerung oder der Zeitlupe Bilder festhalten, die sich der natürlichen Optik schlechtweg entziehen. Das ist das Erste. Sie kann zudem zweitens das Abbild des Originals in Situationen bringen, die dem Original selbst nicht erreichbar sind. Vor allem macht sie ihm möglich, dem Aufnehmenden entgegenzukommen, sei es in Gestalt der Photographie, sei es in der der Schallplatte. Die Kathedrale verläßt ihren Platz, um in dem Studio eines Kunstfreundes Aufnahme zu finden; das Chorwerk, das in einem Saal oder unter freiem Himmel exekutiert wurde, läßt sich in einem Zimmer vernehmen. Die Umstände, in die das Produkt der technischen Reproduktion des Kunstwerks gebracht werden kann, mögen im übrigen den Bestand des Kunstwerks unangetastet lassen – sie entwerten auf alle Fälle sein Hier und Jetzt. Wenn das auch keineswegs vom Kunstwerk allein gilt sondern entsprechend z. B. von einer Landschaft, die im Film am Beschauer vorbeizieht, so wird durch diesen Vorgang am Gegenstande der Kunst ein empfindlichster Kern berührt, den so verletzbar kein natürlicher hat. Das ist seine Echtheit. Die Echtheit einer Sache ist der Inbegriff alles von Ursprung her an ihr Tradierbaren, von ihrer materiellen Dauer bis zu ihrer geschichtlichen Zeugenschaft. Da die letztere auf der ersteren fundiert ist, so gerät in der Reproduktion, wo die erstere sich dem Menschen entzogen hat, auch die letztere: die geschichtliche Zeugenschaft der Sache ins Wanken. Freilich nur diese; was aber dergestalt ins Wanken gerät, das ist die Autorität der Sache[4] . Man kann, was hier ausfällt, im Begriff der Aura zusammenfassen und sagen: was im Zeitalter der technischen Reproduzierbarkeit des Kunstwerks verkümmert, das ist seine Aura.

---

[2] Natürlich umfaßt die Geschichte des Kunstwerks noch mehr: die Geschichte der Mona Lisa z.B. Art und Zahl der Kopien, die im siebzehnten, achtzehnten, neunzehnten Jahrhundert von ihr gemacht worden sind. [3] Gerade weil die Echtheit nicht reproduzierbar ist, hat das intensive Eindringen gewisser Reproduktionsverfahren – es waren technische – die Handhabe zur Differenzierung und Stufung der Echtheit gegeben. Solche Unterscheidungen auszubilden, war eine wichtige Funktion des Kunsthandels. Dieser hatte ein handgreifliches Interesse, verschiedene Abzüge von einem Holzstock, die vor und die nach der Schrift, von einer Kupferplatte und dergleichen auseinanderzuhalten. Mit der Erfindung des Holzschnitts, so darf man sagen, war die Echtheitsqualität an der Wurzel angegriffen, ehe sie noch ihre späte Blüte entfaltet hatte. „Echt“ war ein mittelalterliches Madonnenbild ja zur Zeit seiner Anfertigung noch nicht; das wurde es im Laufe der nachfolgenden Jahrhunderte und am üppigsten vielleicht in dem vorigen.

[4] Die kümmerlichste Provinzaufführung des Faust“ hat vor einem Faustfilm jedenfalls dies voraus, daß sie in Idealkonkurrenz zur Weimarer Uraufführung steht. Und was an traditionellen Gehalten man vor der Rampe sich in Erinnerung rufen mag, ist vor der Filmleinwand unverwertbar geworden – daß in Mephisto Goethes Jugendfreund Johann Heinrich Merck steckt, und was dergleichen mehr ist.

Der Vorgang ist symptomatisch; seine Bedeutung weist über den Bereich der Kunst hinaus. Die Reproduktionstechnik, so ließe sich allgemein formulieren, löst das Reproduzierte aus dem Bereich der Tradition ab. Indem sie die Reproduktion vervielfältigt, setzt sie an die Stelle seines einmaligen Vorkommens sein massenweises. Und indem sie der Reproduktion erlaubt, dem Aufnehmenden in seiner jeweiligen Situation entgegenzukommen, aktualisiert sie das Reproduzierte. Diese beiden Prozesse führen zu einer gewaltigen Erschütterung des Tradierten einer Erschütterung der Tradition, die die Kehrseite der gegenwärtigen Krise und Erneuerung der Menschheit ist. Sie stehen im engsten Zusammenhang mit den

Massenbewegungen unserer Tage. Ihr machtvollster Agent ist der Film. Seine gesellschaftliche Bedeutung ist auch in ihrer positivsten Gestalt, und gerade in ihr, nicht ohne diese seine destruktive, seine kathartische Seite denkbar: die Liquidierung des Traditionswertes am Kulturerbe. Diese Erscheinung ist an den großen historischen Filmen am handgreiflichsten. Sie bezieht immer weitere Positionen in ihr Bereich ein. Und wenn Abel Gance 1927 enthusiastisch ausrief: „Shakespeare, Rembrandt, Beethoven werden filmen ... Alle Legenden, alle Mythologien und alle Mythen, alle Religionsstifter, ja alle Religionen ... warten auf ihre belichtete Auferstehung, und die

Heroen drängen sich an den Pforten“[5] so hat er, ohne es wohl zu meinen, zu einer umfassenden Liquidation eingeladen.

[5] Abel Gance: Le temps de l'image est venu, in: L'art cinématographique II. Paris

## III

Innerhalb großer geschichtlicher Zeiträume verändert sich mit der gesamten Daseinsweise der menschlichen Kollektiva auch die Art und Weise ihrer Sinneswahrnehmung. Die Art und Weise, in der die menschliche Sinneswahrnehmung sich organisiert - dass Medium, in dem sie erfolgt - ist nicht nur natürlich sondern auch geschichtlich bedingt. Die Zeit der Völkerwanderung, in der die spätrömische Kunstindustrie und die Wiener Genesis entstanden, hatte nicht nur eine andere Kunst als die Antike sondern auch eine andere Wahrnehmung. Die Gelehrten der Wiener Schule, Riegl und Wickhoff, die sich gegen das Gewicht der klassischen Überlieferung stemmten, unter dem jene Kunst begraben gelegen hatte, sind als erste auf den Gedanken gekommen, aus ihr Schlüsse auf die Organisation der Wahrnehmung in der Zeit zu tun, in der sie in Geltung stand. So weittragend ihre Erkenntnisse waren, so hatten sie ihre Grenze darin, daß sich diese Forscher begnügten, die formale Signatur aufzuweisen, die der Wahrnehmung in der spätrömischen Zeit eigen war. Sie haben nicht versucht - und konnten vielleicht auch. nicht hoffen -, die gesellschaftlichen Umwälzungen zu zeigen, die in diesen Veränderungen der Wahrnehmung ihren Ausdruck fanden. Für die Gegenwart liegen die Bedingungen einer entsprechenden Einsicht günstiger. Und wenn Veränderungen im Medium der Wahrnehmung, deren

Zeitgenossen wir sind, sich als Verfall der Aura begreifen lassen, so kann man dessen gesellschaftliche Bedingungen aufzeigen. Es empfiehlt sich, den oben für geschichtliche Gegenstände vorgeschlagenen Begriff der Aura an dem Begriff einer Aura von natürlichen Gegenständen zu illustrieren. Diese letztere definieren wir als einmalige Erscheinung einer Ferne, so nah sie sein mag. An einem Sommernachmittag ruhend einem Gebirgszug am Horizont oder einem Zweig folgen, der seinen Schatten auf den Ruhenden wirft - das heißt die Aura dieser Berge, dieses Zweiges atmen. An der Hand dieser Beschreibung ist es ein Leichtes, die gesellschaftliche Bedingtheit des gegenwärtigen Verfalls der Aura einzusehen. Er beruht auf zwei Umständen, die beide mit der zunehmenden Bedeutung der Massen im heutigen Leben zusammenhängen. Nämlich: Die Dinge sich räumlich und menschlich „näherzubringen“ ist ein genau so leidenschaftliches Anliegen der gegenwärtigen Massen[6] wie es ihre Tendenz einer Überwindung des Einmaligen jeder Gegebenheit durch die Aufnahme von deren Reproduktion ist.

---

6 Menschlich sich den Massen näherbringen zu lassen, kann bedeuten: seine gesellschaftliche Funktion aus dem Blickfeld räumen zu lassen. Nichts gewährleistet, daß ein heutiger Portraitist, wenn er einen berühmten Chirurgen am Frühstückstisch und im Kreise der Seinen malt, dessen gesellschaftliche Funktion genauer trifft als ein Maler des sechzehnten Jahrhunderts, der seine Arzte repräsentativ, wie zum Beispiel Rembrandt in der Anatomie“, dem Publikum darstellt

Tagtäglich macht sich unabweisbarer das Bedürfnis geltend, des Gegenstands aus nächster Nähe im Bild, vielmehr im Abbild, in der Reproduktion, habhaft zu werden. Und unverkennbar unterscheidet sich die Reproduktion, wie illustrierte Zeitung und Wochenschau sie in Bereitschaft halten, vom Bilde. Einmaligkeit und Dauer sind in diesem so eng verschränkt wie Flüchtigkeit und Wiederholbarkeit in jener. Die Entschälung des Gegenstandes aus seiner Hülle, die Zertrümmerung der Aura, ist die Si gnatur einer Wahrnehmung, deren „Sinn für das Gleichartige in der Welt" so gewachsen ist, daß sie es mittels der Reproduktion auch dem Einmaligen abgewinnt. So bekundet sich im anschaulichen Bereich was sich im Bereich der Theorie als die zunehmende Bedeutung der Statistik bemerkbar macht. Die Ausrichtung der Realität auf die Massen und der Massen auf sie ist ein Vorgang von unbegrenzter Tragweite sowohl für das Denken wie für die Anschauung.

## IV

Die Einzigkeit des Kunstwerks ist identisch mit seinem Eingebettetsein in den Zusammenhang der Tradition. Diese Tradition selber ist freilich etwas durchaus Lebendiges, etwas außerordentlich Wandelbares. Eine antike Venusstatue z. B. stand in einem anderen Traditionszusammenhange bei den Griechen, die sie zum Gegenstand des Kultus machten, als bei den mittelalterlichen Klerikern, die einen unheilvollen Abgott in ihr erblickten. Was aber beiden in gleicher Weise entgegentrat, war ihre Einzigkeit, mit einem anderen Wort: ihre Aura. Die ursprüngliche Art der Einbettung des Kunstwerks in den Traditionszusammenhang fand ihren Ausdruck im Kult. Die ältesten Kunstwerke sind, wie wir wissen, im Dienst eines Rituals entstanden, zuerst eines magischen, dann eines religiösen. Es ist nun von entscheidender Bedeutung, daß diese auratische Daseinsweise des Kunstwerks niemals durchaus von seiner Ritualfunktion sich löst[7] . Mit anderen Worten: Der einzigartige

Wert des „echten“ Kunstwerks hat seine Fundierung im Ritual, in dem es seinen originären und ersten Gebrauchswert hatte. Diese mag so vermittelt sein wie sie will, sie ist auch noch in den profansten Formen des Schönheitsdienstes als säkularisiertes Ritual erkennbar[8] . Der profane Schönheitsdienst, der sich mit der Renaissance herausbildet, um für drei Jahrhunderte in Geltung zu bleiben, läßt nach Ablauf dieser Frist bei der ersten schweren Erschütterung, von der er betroffen wurde, jene Fundamente deutlich erkennen. Als nämlich mit dem Aufkommen des ersten wirklich revolutionären Reproduktionsmittels, der Photographie (gleichzeitig mit dem Anbruch des Sozialismus) die Kunst das

Nahen der Krise spürt, die nach weiteren hundert Jahren unverkennbar geworden ist, reagierte sie mit der Lehre vom l'art pour l'art die eine Theologie der Kunst ist. Aus ihr ist dann weiterhin geradezu eine negative Theologie in Gestalt der Idee einer „reinen" Kunst hervorgegangen, die nicht nur jede soziale Funktion sondern auch jede Bestimmung durch einen gegenständlichen Vorwurf ablehnt. (In der Dichtung hat Mallarmé als erster diesen Standort erreicht.) Diese Zusammenhänge zu ihrem Recht kommen zu lassen, ist unerläßlich für eine Betrachtung, die es mit dem Kunstwerk im Zeitalter seiner technischen Reproduzierbarkeit zu tun hat. Denn sie bereiten die Erkenntnis, die hier entscheidend ist, vordie technische Reproduzierbarkeit des Kunstwerks emanzipiert dieses zum ersten Mal in der Weltgeschichte von seinem parasitären Dasein am Ritual. Das reproduzierte Kunstwerk wird in immer steigendem Maße die Reproduktion eines auf Reproduzierbarkeit angelegten Kunstwerks[9] .

Von der phot graphischen Platte z. B. ist eine Vielheit von Abzügen möglich; die Frage nach dem echten Abzug hat keinen Sinn. In dem Augenblick aber, da der Maßstab der Echtheit an der Kunstproduktion versagt, hat sich auch die gesamte soziale Funktion der Kunst umgewälzt. An die Stelle ihrer Fundierung aufs

Ritual tritt ihre Fundierung auf eine andere Praxis: nämlich ihre Fundierung auf Politik.

---

[7]Die Definition der Aura als „einmalige Erscheinung einer Ferne, so nah sie sein mag“, stellt nichts anderes dar als die Formulierung des Kultwerts des Kunstwerks in Kategorien der raum zeitlichen Wahrnehmung. Ferne ist das Gegenteil von Nähe. Das wesentlich Ferne ist das Unnahbare. In der Tat ist Unnahbarkeit eine Hauptqualität des Kultbildes. Es bleibt seiner Natur nach „Ferne so nah es sein mag“. Die Nähe, die man seiner Materie abzugewinnen vermag, tut der Ferne nicht Abbruch, die es nach seiner Erscheinung bewahrt

[8] In dem Maße, in dem der Kultwert des Bildes sich säkularisiert, werden die Vorstellungen vom Substrat seiner Einmaligkeit unbestimmter. Immer mehr wird die Einmaligkeit der im Kultbilde waltenden Erscheinung von der empirischen Einmaligkeit des Bildners oder seiner bildenden Leistung in der Vorstellung des Aufnehmenden verdrängt. Freilich niemals ganz ohne Rest; der Begriff der Echtheit hört niemals auf, über den der authentischen Zuschreibung hinauszutendieren. (Das zeigt sich besonders deutlich am Sammler, der immer etwas vom Fetischdiener behält und durch seinen Besitz des Kunstwerks an dessen kultischer Kraft Anteil hat.) Unbeschadet dessen bleibt die Funktion des Begriffs des Authentischen in der Kunstbetrachtung eindeutig: mit der Säkularisierung der Kunst tritt die Authentizität an die Stelle des Kultwerts.

[9] Bei den Filmwerken ist die technische Reproduzierbarkeit des Produkts nicht wie z. B. bei den Werken der Literatur oder der Malerei eine von außen her sich einfindende Bedingung ihrer massenweisen Verbreitung. Die technische Reproduzierbarkeit der Filmwerke ist unmittelbar in der

Technik ihrer Produktion begründet. Diese ermöglicht nicht nur auf die unmittelbarste Art die massenweise Verbreitung der Filmwerke, sie erzwingt sie vielmehr geradezu. Sie erzwingt sie, weil die Produktion eines Films so teuer ist, daß ein Einzelner, der z. B. ein Gemälde sich leisten könnte, sich den Film nicht mehr leisten kann. 1927 hat man errechnet, daß ein größerer Film, um sich zu rentieren, ein Publikum von neun Millionen erreichen müsse. Mit dem Tonfilm ist hier allerdings zunächst eine rückläufige Bewegung eingetreten; sein Publikum schränkte sich auf Sprachgrenzen ein, und das geschah gleichzeitig mit der Betonung nationaler Interessen durch den Faschismus. Wichtiger aber als diesen Rückschlag zu registrieren, der im übrigen durch die Synchronisierung abgeschwächt wurde, ist es, seinen Zusammenhang mit dem Faschismus ins Auge zu fassen. Die Gleichzeitigkeit beider Erscheinungen beruht auf der Wirtschaftskrise. Die gleichen Störungen, die im Großen gesehen zu dem Versuch geführt haben, die bestehenden Eigentumsverhältnisse mit offener Gewalt festzuhalten, haben das von der Krise bedrohte Filmkapital dazu geführt, die Vorarbeiten zum Tonfilm zu forcieren. Die Einführung des Tonfilms brachte sodann eine zeitweilige Erleichterung. Und zwar nicht nur, weil der Tonfilm von neuem die Massen ins Kino führte, sondern auch weil der Tonfilm neue Kapitalien aus der Elektrizitätsindustrie mit dem Filmkapital solidarisch machte. So hat er von außen betrachtet nationale Interessen gefördert, von innen betrachtet aber die Filmproduktion noch mehr internationalisiert als vordem.

# V

Die Rezeption von Kunstwerken erfolgt mit verschiedenen Akzenten, unter denen sich zwei polare herausheben. Der eine dieser Akzente liegt auf dem Kultwert, der andere auf dem Ausstellungswert des Kunstwerkes[10, 11]. Die künstlerische Produktion beginnt mit Gebilden, die im Dienste des Kults stehen. Von diesen Gebilden ist, wie man annehmen darf, wichtiger, daß sie vorhanden sind als daß sie gesehen werden. Das Elentier, das der Mensch der Steinzeit an den Wänden seiner Höhle abbildet, ist ein Zauberinstrument. Er stellt es zwar vor seinen Mitmenschen aus; vor allem aber ist es Geistern zugedacht. Der Kultwert als solcher scheint heute geradezu daraufhinzudrängen, das Kunstwerk im

Verborgenen zu halten: gewisse Götterstatuen sind nur dem Priester in der cella zugänglich, gewisse Madonnenbilder bleiben fast das ganze Jahr über verhangen, gewisse Skulpturen an mittelalterlichen Domen sind für den Betrachter zu ebener Erde nicht sichtbar. Mit der Emanzipation der einzelnen Kunstübungen aus dem Schoße des Rituals wachsen die Gelegenheiten zur Ausstellung ihrer Produkte. Die Ausstellbarkeit einer Portraitbüste, die dahin und dorthin verschickt werden kann, ist größer als die einer Götterstatue, die ihren festen Ort im Innern des Tempels hat. Die Ausstellbarkeit des Tafelbildes ist größer als die des Mosaiks oder Freskos, die ihm vorangingen. Und wenn die Ausstellbarkeit einer Messe von Hause aus vielleicht nicht geringer war als die einer Symphonie, so entstand doch die Symphonie in dem Zeitpunkt, als ihre Ausstellbarkeit größer zu werden versprach als die der Messe. Mit den verschiedenen Methoden technischer Reproduktion des Kunstwerks ist dessen Ausstellbarkeit in so gewaltigem Maß gewachsen, daß die quantitative Verschiebung zwischen seinen beiden Polen ähnlich wie in der Urzeit in eine qualitative Veränderung seiner Natur umschlägt. Wie nämlich in der Urzeit das Kunstwerk durch das absolute Gewicht, das auf seinem Kultwert lag, in erster Linie zu einem Instrument der Magie wurde, das man als Kunstwerk gewissermaßen erst später erkannte, so wird heute das

Kunstwerk durch das absolute Gewicht, das auf seinem Ausstellungswert liegt, zu einem Gebilde mit ganz neuen Funktionen, von denen die uns bewußte, die künstlerische, als diejenige sich abhebt, die man später als eine beiläufige erkennen mag[12]. So viel ist sicher, daß gegenwärtig die Photographie und weiter der Film die brauchbarsten Handhaben zu dieser Erkenntnis geben.

---

[10] Diese Polarität kann in der Ästhetik des Idealismus, dessen Begriff der Schönheit sie im Grunde als eine umgeschlagene umschließt (demgemäß als eine geschiedene ausschließt) nicht zu ihrem Rechte gelangen. Immerhin meldet sie sich bei Hegel so deutlich an, wie dies in den Schranken des Idealismus denkbar ist. „Bilder", so heißt es in den Vorlesungen zur Philosophie der Geschichte, „hatte man schon lange: die Frömmigkeit bedurfte ihrer schon früh für ihre Andacht, aber sie brauchte keine schönen Bilder, ja diese waren ihr sogar störend. Im schönen Bilde ist auch ein Äußerliches vorhanden, aber insofern es schön ist, spricht der Geist desselben den Menschen an; in jener Andacht aber ist das

Verhältniß zu einem Dinge wesentlich, denn sie ist selbst nur ein geistloses Verdumpfen der Seele ... Die schöne Kunst ist ... in der Kirche selbst entstanden, . . . obgleich . . . die Kunst schon aus dem Principe der Kirche herausgetreten ist." (Georg Wilhelm Friedrich Hegel: Werke. Vollständige Ausgabe durch einen Verein von Freunden des Verewigten. Bd. 9: Vorlesungen über die Philosophie der Geschichte. Hrsg. von Eduard Gans. Berlin 1837, p. 414 ) Auch eine Stelle in den Vorlesungen über die Asthetik weist darauf hin, daß Hegel hier ein Problem gespürt hat. „... wir sind", so heißt es in diesen Vorlesungen, „darüber hinaus Werke der Kunst göttlich verehren und sie anbeten zu können, der Eindruck, den sie machen, ist besonnenerer Art, und was durch sie in uns erregt wird, bedarf noch eines höheren Prüfsteins". (Hegel, 1.c. Bd. 10: Vorlesungen über die Aesthetik. Hrsg. von H. G. Hotho. Bd. i. Berlin 1835, p. 14.)

[11] Der Übergang von der ersten Art der künstlerischen Rezeption zur zweiten bestimmt den geschichtlichen Verlauf der künstlerischen Rezeption überhaupt. Demungeachtet läßt sich ein gewisses Oszillieren zwischen jenen beiden polaren Rezeptionsarten prinzipiell für jedes einzelne Kunstwerk aufweisen. So zum Beispiel für die Sixtinische Madonna. Seit Hubert Grimmes Untersuchung weiß man, daß die Sixtinische Madonna ursprünglich für Ausstellungszwecke gemalt war. Grimme erhielt den Anstoß zu seinen Forschungen durch die Frage: Was soll die Holzleiste im Vordergrunde des Bildes, auf die sich die beiden Putten stützen? Wie konnte, so fragte Grimme weiter, ein Raffael dazu kommen, den Himmel mit einem Paar Portieren auszustatten? Die Untersuchung ergab, daß die Sixtinische Madonna anläßlich der öffentlichen Aufbahrung des Papstes Sixtus in Auftrag gegeben worden war. Die Aufbahrung der Päpste fand in einer bestimmten Seitenkapelle der Peterskirche statt. Auf dem Sarge ruhend war, im nischenartigen Hintergrunde dieser Kapelle, bei der feierlichen Aufbahrung Raffaels Bild angebracht worden. Was Raffael auf diesem Bilde darstellt ist, wie aus dem Hintergrunde der mit grünen Portieren abgegrenzten Nische die Madonna sich in Wolken dem päpstlichen Sarge nähert. Bei der Totenfeier für Sixtus fand ein hervorragender Ausstellungswert von Raffaels Bild seine Verwendung. Einige Zeit danach kam es auf den

Hochaltar in dir Klosterkirche der Schwarzen Mönche zu Piacenza. Der Grund dieses Exils liegt im römischen Ritual. Das römische Ritual untersagt, Bilder, die bei Bestattungsfeierlichkeiten ausgestellt worden sind, dem Kult auf dem Hochaltar zuzuführen. Raffaels Werk war durch diese Vorschrift in gewissen Grenzen entwertet. Um dennoch einen entsprechenden Preis dafür zu erzielen, entschloß sich die Kurie, ihre stillschweigende Duldung des Bild$ auf dem Hochaltar in den Kauf zu geben. Um Aufsehen zu vermeiden, ließ man das Bild an die Bruderschaft der entlegenen Provinzstadt gehen.

[12] Analoge Überlegungen stellt, auf anderer Ebene, Brecht an: „Ist der Begriff Kunstwerk nicht mehr zu halten für das Ding, das entsteht, wenn ein Kunstwerk zur Ware verwandelt ist, dann müssen wir vorsichtig und behutsam, aber unerschrocken diesen Begriff weglassen, wenn wir nicht die Funktion dieses Dinges selber mitliquidieren wollen, denn durch diese Phase muß es hindurch, und zwar ohne Hintersinn, es ist kein unverbindlicher Abstecher vom rechten Weg, sondern was hier mit ihm geschieht, das wird es von Grund auf ändern, seine Vergangenheit auslöschen, so sehr, daß, wenn der alte Begriff wieder aufgenommen werden würde – und er wird es werden, warum nicht? – keine Erinnerung mehr an das Ding durch ihn ausgelöst werden wird, das er einst bezeichnete.“ ([Bestellt] Brecht: Versuche 8 10. [Heft] 3. Berlin 1931, p. 301/302; „Der Dreigroschenprozess“.)

## VI

In der Photographie beginnt der Ausstellungswert den Kultwert auf der ganzen Linie zurückzudrängen. Dieser weicht aber nicht widerstandslos. Er bezieht eine letzte Verschanzung, und die ist das Menschenantlitz. Keineswegs zufällig steht das Portrait im Mittelpunkt der frühen Photographie. Im Kult der Erinnerung an die fernen oder die abgestorbenen Lieben hat der Kultwert des Bildes die letzte Zuflucht. Im flüchtigen Ausdruck eines Menschengesichts winkt aus den frühen Photographien die Aura zum letzten Mal. Das ist es, was deren schwermutvolle und mit nichts zu vergleichende Schönheit ausmacht. Wo aber der Mensch aus der Photographie sich zurückzieht, da tritt erstmals der

Ausstellungswert dem Kultwert überlegen entgegen. Diesem Vorgang seine Stätte gegeben zu haben, ist die unvergleichliche Bedeutung von Atget, der die Pariser Straßen um neunzehnhundert in menschenleeren Aspekten festhielt. Sehr mit Recht hat man von ihm gesagt, daß er sie aufnahm wie einen Tatort. Auch der Tatort ist menschenleer. Seine Aufnahme erfolgt der Indizien wegen. Die photographischen Aufnahmen beginnen bei Atget, Beweisstücke im historischen Prozeß zu werden. Das macht ihre verborgene politische Bedeutung aus, Sie fordern schon eine Rezeption in bestimmtem Sinne. Ihnen ist die freischwebende Kontemplation nicht mehr angemessen. Sie beunruhigen den Betrachter; er fühlt:

zu ihnen muß er einen bestimmten Weg suchen. Wegweiser beginnen ihm gleichzeitig die illustrierten Zeitungen aufzustellen. Richtige oder falsche gleichviel. In ihnen ist die Beschriftung zum ersten Mal obligat geworden. Und es ist klar, daß sie einen ganz anderen Charakter hat als der Titel eines Gemäldes. Die Direktiven, die der Betrachter von Bildern in der illustrierten Zeitschrift durch die Beschriftung erhält, werden bald darauf noch präziser und gebieterischer im Film, wo die Auffassung von jedem einzelnen Bild durch die Folge aller vorangegangenen vorgeschrieben erscheint.

## VII

Der Streit, der im Verlauf des neunzehnten Jahrhunderts zwischen der Malerei und der Photographie um den Kunstwert ihrer Produkte durchgefochten wurde, wirkt heute abwegig und verworren. Das spricht aber nicht gegen seine Bedeutung, könnte sie vielmehr eher unterstreichen. In der Tat war dieser Streit der Ausdruck einer weitgeschichtlichen Umwälzung, die als solche keinem der beiden Partner bewußt war. Indem das Zeitalter ihrer technischen Reproduzierbarkeit die Kunst von ihrem kultischen Fundament löste, erlosch auf immer der Schein ihrer Autonomie. Die Funktionsveränderung der Kunst aber, die damit gegeben war, fiel aus dem Blickfeld des Jahrhunderts heraus. Und auch dem zwanzigsten, das die Entwicklung des Films erlebte, entging sie lange. Hatte man vordem vielen vergeblichen Scharfsinn an die Entscheidung der Frage gewandt, ob die Photographie eine Kunst sei – ohne die Vorfrage sich gestellt zu haben: ob nicht durch die Erfindung der Photographie der Gesamtcharakter der Kunst sich verändert habe – so Übernahmen die Filmtheoretiker bald die entsprechende voreilige Fragestellung. Aber die Schwierigkeiten, welche die Photographie der überkommenen Ästhetik bereitet hatte, waren ein Kinderspiel gegen die, mit denen der Film sie erwartete. Daher die blinde Gewaltsamkeit, die die Anfänge der Filmtheorie kennzeichnet. So vergleicht Abel Gance z. B. den Film mit den Hieroglyphen: „Da sind wir denn, infolge einer höchst merkwürdigen Rückkehr ins Dagewesene, wieder auf der Ausdrucksebene der Ägypter angelangt … Die Bildersprache ist noch nicht zur Reife gediehen, weil unsere Augen ihr noch nicht gewachsen sind. Noch gibt es nicht genug Achtung, nicht genug Kult für das was sich in ihr ausspricht.“ [13] Oder Séverin Mars schreibt: „Welcher Kunst war ein Traum beschieden, der … poetischer und realer zugleich gewesen wäre! Von solchem Standpunkt betrachtet würde der Film ein ganz unvergleichliches Ausdrucksmittel darstellen, und es dürften in seiner Atmosphäre sich nur Personen adligster Denkungsart in den vollendetsten und geheimnisvollsten Augen blicken ihrer Lebensbahn bewegen.“[14] Alexandre Amoux seinerseits beschließt eine Phantasie über den stummen Film geradezu mit der Frage: „Sollten nicht all die gewagten Beschreibungen, deren wir uns hiermit bedient haben, auf die Definition des Gebets hinauslaufen?[15]“ Es ist sehr lehrreich zu sehen, wie das Bestreben, den Film der „Kunst“ zuzuschlagen, diese Theoretiker nötigt, mit einer Rücksichtslosigkeit ohnegleichen kultische Elemente in ihn hineinzuinterpretieren. Und doch waren zu der Zeit, da diese Spekulationen veröffentlicht wurden, schon Werke vorhanden wie „L'Opinion publique“ und „La ruée vers l'or“. Das hindert Abel Gance nicht, den Vergleich mit den Hieroglyphen heranzuziehen, und Séverin Mars spricht vom Film wie man von Bildern des Fra Angelico sprechen könnte. Kennzeichnend ist, daß auch heute noch besonders reaktionäre Autoren die Bedeutung des Films in der gleichen Richtung suchen und wenn nicht geradezu im Sakralen so doch im Übernatürlichen. Anläßlich der Reinhardtschen Verfilmung des Sommernachtstraums stellt Werfel fest, daß es unzweifelhaft die sterile Kopie der Außenwelt mit ihren Straßen, Interieurs, Bahnhöfen, Restaurants, Autos und Strandplätzen sei, die bisher dem Aufschwung des Films in das Reich der Kunst im Wege gestanden hätte. „Der Film hat seinen wahren Sinn, seine wirklichen Möglichkeiten noch nicht erfaßt ...

Sie bestehen in seinem einzigartigen Vermögen, mit natürlichen Mitteln und mit unvergleichlicher Überzeugungskraft das Feenhafte, Wunderbare, übernatürliche zum Ausdruck zu bringen.“[16]

---

13 Abel Gance, 1. c. (S. 478“, p. 100/1O1 14 cit. Abel Gance, 1. c. (S. 478“, p. 100 Alexandre Arnoux. Cinéma. Paris 1929, p. 28. 15 Alexandre Arnoux: Cinéma. Paris 1929, p. 28. 16 Franz Werfel: Ein Sommernachtstraum. Ein Film von Shakespeare und Reinhardt. „Neues Wiener journal“, cit. Lu, 15 novembre 1935

## VIII

Definitiv wird die Kunstleistung des Bühnenschauspielers dem Publikum durch diesen selbst in eigener Person präsentiert; dagegen wird die Kunstleistung des Filmdarstellers dem Publikum durch eine Apparatur präsentiert. Das letztere hat zweierlei zur Folge. Die Apparatur, die die Leistung des Filmdarstellers vor das Publikum bringt, ist nicht gehalten, diese Leistung als Totalität zu respektieren. Sie nimmt unter Führung des Kameramannes laufend zu dieser Leistung Stellung. Die Folge von Stellungnahmen, die der Cutter aus dem ihm abgelieferten Material komponiert, bildet den, fertig montierten Film. Er umfaßt eine gewisse Anzahl von Bewegungsmomenten, die als solche der Kamera erkannt werden müssen – von Spezialeinstellungen wie Großaufnahmen zu schweigen. So wird die Leistung des Darstellers einer Reihe von optischen Tests unterworfen. Dies ist die erste Folge des Umstands, daß die Leistung des Filmdarstellers durch die Apparatur vorgeführt wird. Die zweite Folge beruht darauf, daß der Filmdarsteller, da er nicht selbst seine Leistung dem Publikum präsentiert, die dem Bühnenschauspieler vorbehaltene Möglichkeit einbüßt, die Leistung während der Darbietung dem Publikum anzupassen. Dieses kommt dadurch in die Haltung eines durch keinerlei persönlichen Kontakt mit dem Darsteller gestörten Begutachters. Das Publikum fühlt sich in den Darsteller nur ein, indem es sich in den Apparat einfühlt. Es übernimmt also dessen Haltung: es testet[17].

Das ist keine Haltung, der Kultwerte ausgesetzt werden können.

---

[17] „Der Film ... gibt (oder könnte geben): verwendbare Aufschlüsse über menschliche Handlungen im Detail . . . Jede Motivierung aus dem Charakter unterbleibt, das Innenleben der Personen gibt niemals die Hauptursache und ist selten das hauptsächliche Resultat der Handlung". (Brecht, 1. c. (S. 484". p. 268.) Die Erweiterung des Feldes des Testierbaren, die die Apparatur am Filmdarsteller zustandebringt, entspricht der außerordentlichen Erweiterung des Feldes des Testierbaren, die durch die ökonomischen Umstände für das Individuum eingetreten ist. So wächst die Bedeutung der Berufseignungsprüfungen dauernd. In der Berufseignungsprüfung kommt es auf Ausschnitte aus der Leistung des Individuums an. Filmaufnahme und Berufseignungsprüfung gehen vor einem Gremium von Fachleuten vor sich. Der Aufnahmeleiter im Filmatelier steht genau an der Stelle, an der bei der Eignungsprüfung der Versuchsleiter steht.

## IX

Dem Film kommt es viel weniger darauf an, daß der Darsteller dem Publikum einen anderen, als daß er der Apparatur sich selbst darstellt. Einer der ersten, der diese Umänderung des Darstellers durch die Testleistung gespürt hat, ist Pirandello gewesen. Es beeinträchtigt die Bemerkungen, die er in seinem Roman „Es wird gefilmt" darüber macht, nur wenig, daß sie sich darauf beschränken, die negative Seite der Sache hervorzuheben. Noch weniger, daß sie an den stummen Film anschließen. Denn der Tonfilm hat an dieser Sache nichts Grundsätzliches geändert. Entscheidend bleibt, daß für eine Apparatur oder, im Fall des Tonfilms, für zwei – gespielt wird. „Der Filmdarsteller", schreibt Pirandello, „fühlt sich wie im Exil.

Exiliert nicht nur von der Bühne, sondern von seiner eigenen Person. Mit einem dunklen Unbehagen spürt er die unerklärliche Leere, die dadurch entsteht, daß sein Körper zur Ausfallserscheinung wird, daß er sich verflüchtigt und seiner Realität, seines Lebens, seiner Stimme und der Geräusche, die er verursacht, indem er sich rührt, beraubt wird, um sich in ein stummes Bild zu verwandeln, das einen Augenblick auf der Leinwand zittert und sodann in der Stille verschwindet ... Die kleine Apparatur wird mit seinem Schatten vor dem Publikum spielen; und er selbst muß sich begnügen, vor ihr zu spielen."[18] Man kann den gleichen Tatbestand folgendermaßen kennzeichnen: zum ersten

Mal – und das ist das Werk des Films – kommt der Mensch in die Lage, zwar mit seiner gesamten lebendigen Person aber unter Verzicht auf deren Aura wirken zu müssen. Denn die Aura ist an sein Hier und jetzt gebunden. Es gibt kein Abbild von ihr. Die Aura, die auf der Bühne um Macbeth ist, kann von der nicht abgelöst werden, die für das lebendige Publikum um den Schauspieler ist, welcher ihn spielt. Das Eigentümliche der Aufnahme im Filmatelier aber besteht darin, daß sie an die Stelle des Publikums die Apparatur setzt. So muß die Aura, die um den Darstellenden ist, fortfallen – und damit zugleich die um den Dargestellten. Daß gerade ein Dramatiker, wie Pirandello, in der Charakteristik des Films unwillkürlich den Grund der Krise berührt, von der wir das Theater befallen sehen, ist nicht erstaunlich. Zu dem restlos von der technischen Reproduktion erfaßten, ja wie der Film – aus ihr hervorgehenden Kunstwerk gibt es in der Tat keinen entschiedeneren Gegensatz als das der Schaubühne. jede eingehendere Betrachtung bestätigt dies. Sachkundige Beobachter haben längst erkannt, daß in der Filmdarstellung „die größten Wirkungen fast immer erzielt werden, indem man so wenig wie möglich „spielt" ... Die letzte Entwicklung" sieht Arnheim 1932 darin, „den Schauspieler wie ein Requisit zu behandeln, das man charakteristisch auswählt und ... an der richtigen Stelle einsetzt."[19]

Damit hängt aufs Engste etwas anderes zusammen. Der Schauspieler, der auf der Bühne agiert, versetzt sich in eine Rolle. Dem Filmdarsteller ist das sehr oft versagt. Seine Leistung ist durchaus keine einheitliche, sondern aus vielen einzelnenLeistungen zusammengestellt. Neben zufälligen Rücksichten auf: Ateliermiete, Verfügbarkeitvon Partnern, Dekor usw., sind es elementare Notwendigkeiten der Maschinerie, die das Spieldes Darstellers in eine Reihe montierbarer Episoden zerfällen. Es handelt sich vor allem umdie Beleuchtung, deren Installation die Darstellung eines Vorgangs, der auf der Leinwand als einheitlicher geschwinder Ablauf erscheint, in einer Reihe einzelner Aufnahmen zu bewältigen zwingt, die sich im Atelier unter Umständen über Stunden verteilen. Von handgreiflicheren Montagen zu schweigen. So kann ein Sprung aus dem Fenster im Atelier in Gestalt eines Sprungs vom Gerüst gedreht werden, die sich anschließende Flucht aber gegebenenfalls wochenlang später bei einer Außenaufnahme. Im übrigen ist es ein Leichtes, noch weit paradoxere Fälle zu konstruieren. Es kann, nach einem Klopfen gegen die Tür, vom Darsteller gefordert werden, daß er zusammenschrickt. Vielleicht ist dieses Zusammenfahren nicht wunschgemäß ausgefallen. Da kann der Regisseur zu der Auskunft greifen, gelegentlich, wenn der Darsteller wieder einmal im Atelier ist, ohne dessen Vorwissen in seinem Rücken einen Schuß abfeuern zu lassen. Das Erschrecken des Darstellers in diesem Augenblick kann aufgenommen und in den Film montiert werden. Nichts zeigt drastischer, daß die Kunst aus dem Reich des „schönen Scheins" entwichen ist, das solange als das einzige galt, in dem sie gedeihen könne.

---

[18] Luigi Pirandello; On tourne, cit. Léon Pierre Quint: Signification du cinéma, in: L'art cinématographique 11, 1.c. „S. 478), p. 14/15

[19] Rudolf Arnheim: Film als Kunst. Berlin 1932, p. 1761177. - Gewisse scheinbar nebensächliche Einzelheiten, mit denen der Filmregisseur sich von den Praktiken der Bühne entfernt, gewinnen in diesem Zusammenhang ein erhöhtes Interesse. So der Versuch, den Darsteller ohne Schminke spielen zu lassen, wie unter anderen Dreyer ihn in der Jeanne d'Arc durchführt. Er verwendete Monate darauf, die einigen vierzig Darsteller ausfindig zu machen, aus denen das Ketzergericht sich zusammensetzt. Die Suche nach diesen Darstellern glich der nach schwer beschaffbaren Requisiten. Dreyer verwandte die größte Mühe darauf, Ähnlichkeiten des Alters, der Statur, der Physiognomie zu vermeiden. (cf. Maurice Schultz: Le maquillage, in: L'art cinématographique Vl. Paris 1929, p. 65166.) Wenn der Schauspieler zum Requisit wird, so fungiert auf der andern Seite das Requisit

nicht selten als Schauspieler. jedenfalls ist es nichts Ungewöhnliches, daß der Film in die Lage kommt, dem Requisit eine Rolle zu leihen. Anstatt beliebige Beispiele aus einer unendlichen Fülle herauszugreifen, halten wir uns an eines von besonderer Beweiskraft. Eine in Gang befindliche Uhr wird auf der Bühne immer nur störend wirken. Ihre Rolle, die Zeit zu messen, kann ihr auf der Bühne nicht eingeräumt werden. Die astronomische Zeit würde auch in einem naturalistischen Stück mit der szenischen kollidieren. Unter diesen Umständen ist es für den Film höchst bezeichnend, daß er bei Gelegenheit ohne weiteres eine Zeitmessung nach der Uhr verwerten kann. Hieran mag man deutlicher als an manchen anderen Zügen erkennen, wie unter Umständen jedes einzelne Requisit entscheidende Funktionen in ihm übernehmen kann. Von hier ist es nur ein Schritt bis zu Pudowkins Feststellung, daß „das Spiel des Darstellers, das mit einem Gegenstand verbunden und auf ihm aufgebaut ist, stets eine der stärksten Methoden filmischer Gestaltung" ist. (W. Pudowkin: Filmregie und Filmmanuskript.
[Bücher der Praxis, Bd. 5] Berlin 1928, p. 126.) So ist der Film das erste Kunstmittel, das in der Lage ist zu zeigen, wie die Materie dem Menschen mitspielt. Er kann daher ein hervorragendes Instrument materialistischer Darstellung sein.

## X

Das Befremden des Darstellers vor der Apparatur, wie Pirandello es schildert, ist von Haus aus von der gleichen Art wie das Befremden des Menschen vor seiner Erscheinung im Spiegel. Nun aber ist das Spiegelbild von ihm ablösbar, es ist transportabel geworden. Und wohin wird es transportiert? Vor das Publikum[20]. Das Bewußtsein davon verläßt den Filmdarsteller nicht einen Augenblick. Der Filmdarsteller weiß, während er vor der Apparatur steht, hat er es in letzter Instanz mit dem Publikum zu tun: dem Publikum der Abnehmer, die den Markt bilden. Dieser Markt, auf den er sich nicht nur mit seiner Arbeitskraft, sondern mit Haut und Haaren, mit Herz und Nieren begibt, ist ihm im Augenblick seiner für ihn bestimmten

Leistung ebensowenig greifbar, wie irgendeinem Artikel, der in einer Fabrik gemacht wird. Sollte dieser Umstand nicht seinen Anteil an der Beklemmung, der neuen Angst haben, die, nach Pirandello, den Darsteller vor der Apparatur befällt? Der Film antwortet auf das Einschrumpfen der Aura mit einem künstlichen Aufbau der „personality" außerhalb des Ateliers. Der vom Filmkapital geförderte Starkultus konserviert jenen Zauber der Persönlichkeit, der schon längst nur noch im fauligen Zauber ihres Warendiarakters besteht. Solange das Filmkapital den Ton angibt, läßt sich dem heutigen Film im allgemeinen kein anderes revolutionäres Verdienst zuschreiben, als eine revolutionäre Kritik der überkommenen Vorstellungen von Kunst zu befördern. Wir bestreiten nicht, daß der heutige Film in besonderen Fällen darüber hinaus eine revolutionäre Kritik an den gesellschaftlichen Verhältnissen, ja an der Eigentumsordnung befördern kann. Aber darauf liegt der Schwerpunkt der gegenwärtigen Untersuchung ebenso wenig wie der Schwerpunkt der westeuropäischen Filmproduktion darauf liegt.

Es hängt mit der Technik des Films genau wie mit der des Sports zusammen, daß jeder den Leistungen, die sie ausstellen, als halber Fachmann beiwohnt. Man braucht nur einmal eine Gruppe von Zeitungsjungen, auf ihre Fahrräder gestützt, die Ergebnisse eines

Radrennens diskutieren gehört zu haben, um sich das Verständnis dieses Tatbestandes zu eröffnen. Nicht umsonst veranstalten Zeitungsverleger Wettfahrten ihrer Zeitungsjungen. Diese erwecken großes Interesse unter den Teilnehmern. Denn der Sieger in diesen Veranstaltungen hat eine Chance, vom Zeitungsjungen zum Rennfahrer aufzusteigen. So gibt zum Beispiel die Wochenschau jedem eine Chance, vom Passanten zum Filmstatisten aufzusteigen. Er kann sich dergestalt unter Umständen sogar in ein Kunstwerk – man denke an Wertoffs „Drei Lieder um Lenin" oder Ivens „Borinage" – versetzt sehen. jeder heutige Mensch kann einen Anspruch vorbringen, gefilmt zu werden. Diesen Anspruch verdeutlicht am besten ein Blick auf die geschichtliche Situation des heutigen Schrifttums.

Jahrhunderte lang lagen im Schrifttum die Dinge so, daß einer geringen Zahl von Schreibenden eine vieltausendfache Zahl von Lesenden gegenüberstand. Darin trat gegen Ende des vorigen Jahrhunderts ein Wandel ein. Mit der wachsenden Ausdehnung der Presse, die immer neue politische, religiöse, wissenschaftliche, berufliche, lokale Organe der Leserschaft zur Verfügung stellte, gerieten immer größere Teile der Leserschaft – zunächst fallweise – unter die Schreibenden. Es begann damit, daß die Tagespresse ihnen ihren „Briefkasten“ eröffnete, und es liegt heute so, daß es kaum einen im Arbeitsprozeß stehenden Europäer gibt, der nicht grundsätzlich irgendwo Gelegenheit zur Publikation einer Arbeitserfahrung, einer Beschwerde, einer Reportage oder dergleichen finden könnte. Damit ist die Unterscheidung zwischen Autor und Publikum im Begriff, ihren grundsätzlichen Charakter zu verlieren. Sie wird eine funktionelle, von Fall zu Fall so oder anders verlaufende. Der Lesende ist jederzeit bereit, ein Schreibender zu werden. Als Sachverständiger, der er wohl oder übel in einem äußerst spezialisierten Arbeitsprozeß werden mußte – sei es auch nur als Sachverständiger einer geringen Verrichtung , gewinnt er einen Zugang zur Autorschaft. In der Sovjetunion kommt die Arbeit selbst zu Wort. Und ihre Darstellung im Wort macht einen Teil des Könnens, das zu ihrer Ausübung erforderlich ist. Die literarische Befugnis wird nicht mehr in der spezialisierten, sondern in der polytechnischen Ausbildung begründet, und so Gemeingut[21].

Alles das läßt sich ohne weiteres auf den Film übertragen, wo Verschiebungen, die im Schrifttum Jahrhunderte in Anspruch genommen haben, sich im Laufe eines Jahrzehnts vollzogen. Denn in der Praxis des Films – vor allem der russischen – ist diese Verschiebung stellenweise bereits verwirklicht worden. Ein Teil der im russischen Film begegnenden Darsteller sind nicht Darsteller in unserem Sinn, sondern Leute, die sich – und zwar in erster Linie in ihrem Arbeitsprozeß darstellen. In Westeuropa verbietet die kapitalistische Ausbeutung des Films dem legitimen Anspruch, den der heutige Mensch auf sein Reproduziertwerden hat, die Berücksichtigung. Unter diesen Umständen hat die Filmindustrie alles Interesse, die Anteilnahme der Massen durch illusionäre Vorstellungen und durch zweideutige Spekulationen zu stacheln.

---

[20] Die hier konstatierbare Veränderung der Ausstellungsweise durch die Reproduktionstechnik macht sich auch in der Politik bemerkbar. Die heutige Krise der bürgerlichen Demokratien schließt eine Krise der Bedingungen ein, die für die Ausstellung der Regierenden maßgebend sind. Die Demokratien stellen den Regierenden unmittelbar in eigener Person und zwar vor Repräsentanten aus. Das Parlament ist sein Publikum! Mit den Neuerungen der Aufnahmeapparatur, die es erlauben, den Redenden, während der Rede unbegrenzt vielen vernehmbar und kurz darauf unbegrenzt vielen sichtbar zu machen, tritt die Ausstellung des politischen Menschen vor dieser Aufnahmeapparatur in den

Vordergrund. Es veröden die Parlamente gleichzeitig mit den Theatern. Rundfunk und Film verändern nicht nur die Funktion des professionellen Darstellers, sondern genau so die Funktion dessen, der, wie es die Regierenden tun, sich selber vor ihnen darstellt. Die Richtung dieser Veränderung ist, unbeschadet ihrer verschiedenen Spezialaufgaben, die gleiche beim Filmdarsteller und beim Regierenden. Sie erstrebt die Aufstellung prüfbarer, ja übernehmbarer Leistungen unter bestimmten gesellschaftlichen Bedingungen. Das ergibt eine neue Auslese, eine Auslese vor der Apparatur, aus der der Star und der Diktator als Sieger hervorgehen.

[21] Der Privilegiencharakter der betreffenden Techniken geht verloren. Aldous Huxley schreibt: „Die technischen Fortschritte haben ... zur Vulgarität geführt ... die technische Reproduzierbarkeit und die Rotationspresse haben eine unabsehbare Vervielfältigung von Schriften und Bildern ermöglicht. Die allgemeine Schulbildung und die verhältnismäßig hohen Gehälter haben ein sehr großes Publikum geschaffen, das lesen kann und Lesestoff und Bildmaterial sich zu verschaffen vermag. Um diese bereitzustellen, hat sich eine bedeutende Industrie etabliert.

Nun aber ist künstlerische Begabung etwas sehr Seltenes; daraus folgt, daß zu jeder Zeit und an allen Orten der überwiegende Teil der künstlerischen Produktion minderwertig gewesen ist. Heute aber ist der Prozentsatz des Abhubs in der künstlerischen Gesamtproduktion größer als er es je vorher gewesen ist ... Wir stehen hier vor einem einfachen arithmetischen Sachverhalt. Im Laufe des vergangenen Jahrhunderts hat sich die Bevölkerung Westeuropas etwas über das Doppelte vermehrt. Der Lese und Bildstoff aber ist, wie ich schätzen möchte, mindestens im Verhältnis von x zu 20, vielleicht aber auch zu so oder gar zu 100 gewachsen. Wenn eine Bevölkerung von x Millionen n künstlerische T alente hat, so wird eine Bevölkerung von 2X Millionen wahrscheinlich an künstlerische Talente haben. Nun läßt sich die Situation folgendermaßen zusammenfassen.

Wenn vor 100 Jahren eine Druckseite mit Lese und Bildstoff veröffentlicht wurde, so veröffentlicht man dafür heute zwanzig, wenn nicht hundert

Seiten. Wenn andererseits vor hundert Jahren ein künstlerisches Talent existierte, so existieren heute an dessen Stelle zwei. Ich gebe zu, daß infolge der allgemeinen Schulbildung heute eine große Anzahl virtueller Talente, die ehemals nicht zur Entfaltung ihrer Gaben gekommen wären, produktiv werden können. Setzen wir also .... daß heute drei oder selbst vier künstlerische Talente auf ein künstlerisches Talent von ehedem kommen. Es bleibt nichtsdestoweniger unzweifelhaft, daß der Konsum von Lese und Bildstoff die natürliche Produktion an begabten Schriftstellern und begabten Zeichnern weit überholt hat. Mit dem Hörstoff steht es nicht anders. Prosperität, Grammophon und Radio haben ein Publikum ins Leben gerufen, dessen Konsum an Hörstoffen außer allem Verhältnis zum Anwachsen der Bevölkerung und demgemäß zum normalen Zuwachs an talentierten Musikern steht. Es ergibt sich also, daß in allen Künsten, sowohl absolut wie verhältnismäßig gesprochen,'die Produktion von Abhub größer ist als sie es früher war; und so muß es bleiben, so lange die Leute fortfahren so wie derzeit einen unverhältnismäßig großen Konsum an Lese , Bild und Hörstoff zu üben.“ (Aldous Huxley: Croisière d'hiver. Voyage en Amérique Centrale (1933) [Traduction de Jules Castier]. Paris I935, P. 273 275.) Diese Betrachtungsweise ist offenkundig nicht fortschrittlich.

## XI

Eine Film und besonders eine Tonfilmaufnahme bietet einen Anblick, wie er vorher nie und nirgends denkbar gewesen ist. Sie stellt einen Vorgang dar, dem kein einziger Standpunkt mehr zuzuordnen ist, von dem aus die zu dem Spielvorgang als solchen nicht zugehörige Aufnahmeapparatur, die Beleuchtungsmaschinerie, der Assistentenstab usw. nicht in das Blickfeld des Beschauers fiele. (Es sei denn, die Einstellung seiner Pupille stimme mit der des Aufnahmeapparats überein.) Dieser Umstand, er mehr als jeder andere, macht die etwa bestehenden Ähnlichkeiten zwischen einer Szene im Filmatelier und auf der Bühne zu oberflächlichen und belanglosen. Das Theater kennt prinzipiell die Stelle, von der aus das Geschehen nicht ohne weiteres als illusionär zu durchschauen ist. Der Aufnahmeszene im Film gegenüber gibt es diese Stelle nicht. Dessen illusionäre Natur ist eine Natur zweiten Grades; sie ist ein Ergebnis des Schnitts. Das heißt: Im Filmatelier ist die Apparatur derart tief in die Wirklichkeit eingedrungen, daß deren reiner, vom Fremdkörper der Apparatur freier Aspekt das Ergebnis einer besonderen Prozedur, nämlich der Aufnahme durch den eigens eingestellten photographischen Apparat und ihrer Montierung mit anderen Aufnahmen von der gleichen Art ist. Der apparatfreie Aspekt der Realität ist hier zu ihrem künstlichsten geworden und der Anblick der unmittelbaren Wirklichkeit zur blauen Blume im Land der Technik.

Der gleiche Sachverhalt, der sich so gegen den des Theaters abhebt, läßt sich noch aufschlußreicher mit dem konfrontieren, der in der Malerei vorliegt. Hier haben wir die Frage zu stellen: wie verhält sich der Operateur zum Maler? Zu ihrer Beantwortung sei eine Hilfskonstruktion gestattet, die sich auf den Begriff des Operateurs stützt, welcher von der Chirurgie her geläufig ist. Der Chirurg stellt den einen Pol einer Ordnung dar, an deren anderm der Magier steht. Die Haltung des Magiers, der einen Kranken durch Auflegen der Hand heilt, ist verschieden von der des Chirurgen, der einen Eingriff in den Kranken vornimmt. Der Magier erhält die natürliche Distanz zwischen sich und dem Behandelten aufrecht; genauer gesagt: er vermindert sie – kraft seiner aufgelegten Hand nur wenig und steigertsie – kraft seiner Autorität – sehr. Der Chirurg verfährt umgekehrt: er vermindert die Distanz zu dem Behandelten sehr indem er in dessen Inneres dringt – und er vermehrt sie nur wenig – durch die Behutsamkeit, mit der seine Hand sich unter den Organen bewegt. Mit einem Wort: zum Unterschied vom Magier (der auch noch im praktischen Arzt steckt) verzichtet der Chirurg im entscheidenden Augenblick darauf, seinem Kranken von Mensch zu

Mensch sich gegenüber zu stellen; er dringt vielmehr operativ in ihn ein. – Magier und Chirurg verhalten sich wie Maler und Kameramann. Der Maler beobachtet in seiner Arbeit eine natürliche Distanz zum Gegebenen, der Kameramann dagegen dringt tief ins Gewebe der Gegebenheit ein[22]. Die Bilder, die beide davontragen, sind ungeheuer verschieden. Das des Malers ist ein totales, das des Kameramanns ein vielfältig zerstückeltes, dessen Teile sich nach einem neuen Gesetze zusammen finden. So ist die filmische Darstellung der Realität für den heutigen Menschen darum die unvergleichlich bedeutungsvollere, weil sie den apparatfreien Aspekt der Wirklichkeit, den er vom Kunstwerk zu fordern berechtigt ist, gerade auf Grund ihrer intensivsten Durchdringung mit der Apparatur

gewährt.

---

[22] Die Kühnheiten des Kameramanns sind in der Tat denen des chirurgischen Operateurs vergleichbar. Luc Durtain führt in einem Verzeichnis spezifisch seelischer Kunststücke der Technik diejenigen auf, „die in der Chirurgie bei gewissen schwierigen Eingriffen erforderlich sind. Ich wähle als Beispiel einen Fall aus der OtoRhino Laryngologie ... ; ich meine das sogenannte endonasale Perspektiv Verfahren; oder ich weise auf die akrobatischen Kunststücke hin, die, durch das umgekehrte Bild im Kehlkopfspiegel geleitet, die Kehlkopfchirurgie auszuführen hat; ich könnte auch von der an die Präzisionsarbeit von Uhrmachern erinnernde Ohrenchirurgie sprechen. Welch reiche Stufenfolge subtilster Muskelakrobatik wird nicht von dem Mann gefordert, der den menschlichen Körper reparieren oder ihn retten will, man denke nur an die Staroperation, bei der es gleichsam eine Debatte des Stahls mit beinahe flüssigen Gewebeteilen gibt, oder an die bedeutungsvollen Eingriffe in die Weichgegend (Laparotomie).“ (Luc Durcain: La technique er l'homme, in: Vendredi, 13 mars 1936, No. 19.)

## XII

Die technische Reproduzierbarkeit des Kunstwerks verändert das Verhältnis der Masse zur Kunst. Aus dem rückständigsten, z. B. einem Picasso gegenüber, schlägt es in das fortschrittlichste, z. B. angesichts eines Chaplin, um. Dabei ist das fortschrittliche Verhalten dadurch gekennzeichnet, daß die Lust am Schauen und am Erleben in ihm eine unmittelbare und innige Verbindung mit der Haltung des fachmännischen Beurteilers eingeht. Solche Verbindung ist ein wichtiges gesellschaftliches Indizium. Je mehr nämlich die gesellschaftliche Bedeutung einer Kunst sich vermindert, desto mehr fallen – wie das deutlich angesichts der Malerei sich erweist – die kritische und die genießende Haltung im

Publikum auseinander. Das Konventionelle wird kritiklos genossen, das wirklich Neue kritisiert man mit Wider willen. Im Kino fallen kritische und genießende Haltung des Publikums zusammen.

Und zwar ist der entscheidende Umstand dabei: nirgends mehr als im Kino erweisen sich die Reaktionen der Einzelnen, deren Summe die massive Reaktion des Publikums ausmacht, von vornherein durch ihre unmittelbar bevorstehende Massierung bedingt. Und indem sie sich kundgeben, kontrollieren sie sich. Auch weiterhin bleibt der Vergleich mit der Malerei dienlich. Das Gemälde hatte stets ausgezeichneten Anspruch auf die Betrachtung durch Einen oder durch Wenige. Die simultane Betrachtung von Gemälden durch ein großes Publikum, wie sie im neunzehnten Jahrhundert aufkommt, ist ein frühes Symptom der Krise der Malerei, die keineswegs durch die Photographie allein, sondern relativ unabhängig von dieser durch den Anspruch des Kunstwerks auf die Masse ausgelöst wurde.

Es liegt eben so, daß die Malerei nicht imstande ist, den Gegenstand einer simultanen Kollektivrezeption darzubieten, wie es von jeher für die Architektur, wie es einst für das Epos zutraf, wie es heute für den Film zutrifft. Und so wenig aus diesem Umstand von Haus aus Schlüsse auf die gesellschaftliche Rolle der Malerei zu ziehen sind, so fällt er doch in dem Augenblick als eine schwere

Beeinträchtigung ins Gewicht, wo die Malerei durch besondere Umstände und gewissermaßen wider ihre Natur mit den Massen unmittelbar konfrontiert wird. In den Kirchen und Klöstern des Mittelalters und an den Fürstenhöfen bis gegen Ende des achtzehnten Jahrhunderts fand die Kollektivrezeption von Gemälden nicht simultan, sondern vielfach gestuft und hierarchisch vermittelt statt. Wenn das anders geworden ist, so kommt darin der besondere Konflikt zum Ausdruck, in welchen die Malerei durch die technische Reproduzierbarkeit des Bildes verstrickt worden ist. Aber ob man auch unternahm, sie in Galerien und in Salons vor die Massen zu führen, so gab es doch keinen Weg, auf welchem die

Massen in solche Rezeption sich selbst hätten organisieren und kontrollieren können[23]. So muß eben dasselbe Publikum, das vor einem Groteskfilm fortschrittlich reagiert, vor dem Surrealismus zu einem rückständigen werden.

---

[23] Diese Betrachtungsweise mag plump anmuten; aber wie der große Theoretiker Leonardo zeigt, können plumpe Betrachtungsweisen zu ihrer Zeit wohl herangezogen werden. Leonardo vergleicht die Malerei und die Musik mit folgenden Worten: „Die Malerei ist der Musik deswegen überlegen, weil sie nicht sterben muß, sobald sie ins Leben gerufen ist, wie das der Fall der unglücklichen Musik ist ... Die Musik, die sich verflüchtigt, sobald sie entstanden ist, steht der Malerei nach, die mit dem Gebrauch des Firnis ewig geworden ist." ([Leonardo da Vinci: Frammenti letterarii e filosofici] cit. Fernand Baldensperger: Le raffermissement des techniques dans la littérature occidentale de 1840, in. Revue de Littérature Comparée, XV/I, Paris 19 3 5, p. 79 [Anm. 1].).

## XIII

Seine Charakteristika hat der Film nicht nur in der Art, wie der Mensch sich der Aufnahmeapparatur, sondern wie er mit deren Hilfe die Umwelt sich darstellt. Ein Blick auf die Leistungspsychologie illustriert die Fähigkeit der Apparatur zu testen. Ein Blick auf die Psychoanalyse illustriert sie von anderer Seite. Der Film hat unsere Merkwelt in der Tat mit Methoden bereichert, die an denen der Freudschen Theorie, illustriert werden können. Eine Fehlleistung im Gespräch ging vor fünfzig Jahren mehr oder minder unbemerkt vorüber. Daß sie mit einem Male eine Tiefenperspektive im Gespräch, das vorher vordergründig zu verlaufen schien, eröffnete, dürfte zu den Ausnahmen gezählt haben. Seit der „Psychopathologie des Alltagslebens“ hat sich das geändert. Sie hat Dinge isoliert und zugleich analysierbar gemacht, die vordem unbemerkt im breiten Strom des Wahrgenommenen mitschwammen. Der Film hat in der ganzen Breite der optischen Merkwelt, und nun auch. Der akustischen, eine ähnliche Vertiefung der Apperzeption zur Folge gehabt. Es ist nur die Kehrseite dieses Sachverhalts, daß die Leistungen, die der Film vorführt, viel exakter und unter viel zahlreicheren Gesichtspunkten analysierbar sind, als die Leistungen, die auf dem Gemälde oder auf der Szene sich darstellen. Der Malerei gegenüber ist es die unvergleichlich genauere Angabe der Situation, die die größere Analysierbarkeit der im Film dargestellten Leistung ausmacht. Der Szene gegenüber ist die größere Analysierbarkeit der filmisch dargestellten Leistung. durch eine höhere Isolierbarkeit bedingt. Dieser Umstand hat, und das macht seine Hauptbedeutung aus, die Tendenz, die gegenseitige Durchdringung von Kunst und Wissenschaft zu befördern. In der Tat läßt sich von einem innerhalb einer bestimmten Situation sauber – wie ein Muskel an einem Körper herauspräparierten Verhalten kaum mehr angeben, wodurch es stärker fesselt: durch seinen artistischen Wert oder durch seine wissenschaftliche Verwertbarkeit. Es wird eine der revolutionären Funktionen des Films sein, die künstlerische und die wissenschaftliche Verwertung der Photographie, die vordem meist auseinander fielen, als identisch erkennbar zu machen[24].

Indem der Film durch Großaufnahmen aus ihrem Inventar, durch Betonung versteckter Details an den uns geläufigen Requisiten, durch Erforschung banaler Milieus unter der genialen Führung des Objektivs, auf der einen Seite die Einsicht in die Zwangsläufigkeiten vermehrt, von denen unser Dasein regiert wird, kommt er auf der anderen Seite dazu, eines ungeheuren und ungeahnten Spielraums uns zu versichern! Unsere Kneipen und Großstadtstraßen, unsere Büros und möblierten Zimmer, unsere Bahnhöfe und Fabriken schienen uns hoffnungslos einzuschließen. Da kam der Film und hat diese Kerkerwelt mit dem Dynamit der Zehntelsekunden gesprengt, so daß wir nun zwischen ihren weitverstreuten Trümmern gelassen abenteuerliche Reisen unternehmen. Unter der Großaufnahme dehnt sich der Raum, unter der Zeitlupe die Bewegung. Und so wenig es bei der Vergrößerung sich um eine bloße Verdeutlichung dessen handelt, was man „ohnehin" undeutlich sieht, sondern vielmehr völlig neue Strukturbildungen der Materie zum Vorschein kommen, so wenig bringt die Zeitlupe nur bekannte Bewegungsmotive zum Vorschein, sondern sie entdeckt in diesen bekannten ganz unbekannte, „die gar nicht als Verlangsamungen schneller Bewegungen sondern als eigentümlich gleitende, schwebende, überirdische wirken.“[25] So wird handgreiflich, daß es eine andere Natur ist, die zu der Kamera als die zum Auge spricht. Anders vor allem dadurch, daß an die Stelle eines vom Menschen mit Bewußtsein durchwirkten Raums ein unbewußt durchwirkter tritt. Ist es schon üblich, daß einer vom Gang der Leute, sei es auch nur im Groben, sich Rechenschaft ablegt, so weiß er bestimmt nichts von ihrer Haltung im Sekundenbruchteil des Ausschreitens. Ist uns schon im Groben der Griff geläufig, den wir nach dem Feuerzeug oder dem Löffel tun, so wissen wir doch kaum von dem, was sich zwischen Hand und Metall dabei eigentlich abspielt, geschweige wie das mit den verschiedenen Verfassungen schwankt, in denen wir uns befinden. Hier greift die Kamera mit ihren Hilfsmitteln, ihrem Stürzen und Steigen, ihrem Unterbrechen und Isolieren, ihrem Dehnen und Raffen des Ablaufs, ihrem Vergrößern und ihrem Verkleinern ein. Vom Optisch Unbewußten erfahren wir erst durch sie, wie von dem Triebhaft Unbewußten durch die Psychoanalyse.

---

[24] Suchen wir zu dieser Situation eine Analogie, so eröffnet sich eine aufschlußreiche in der Renaissancemalerei.
Auch da begegnen wir einer K unst deren unvergleichlicher Aufschwung und deren Bedeutung nicht zumnwenigsten darauf beruht, daß sie eine Anzahl von neuen Wissenschaften oder doch von neuen Daten der Wissenschaft integriert. Sie beansprucht die Anatomie und die Perspektive, die Mathematik, die Meteorologie und die Farbenlehre. „Was ist uns entlegener", schreibt Valéry, „als der befremdliche Anspruch eines Leonardo, dem die Malerei ein oberstes Ziel und eine höchste Demonstration der Erkenntnis war, so zwar, daß sie, seiner Überzeugung nach, Allwissenheit forderte und er selbst nicht vor einer theoretischen Analyse zurückschreckte, vor welcher wir Heutigen ihrer Tiefe und ihrer Präzision wegen fassungslos dastehen." (Paul Valéry: Pièces sur l'art 1. c. (S. 475, p. 191, „Autour de Corot".)

[25] Rudolf Araberin, 1. c. „S. 490", p. 138

## XIV

Es ist von jeher eine der wichtigsten Aufgaben der Kunst gewesen, eine Nachfrage zu erzeugen, für deren volle Befriedigung die Stunde noch nicht gekommen ist[26]. Die Geschichte jeder Kunstform hat kritische Zeiten, in denen diese Form auf Effekte hindrängt, die sich zwanglos erst bei einem veränderten technischen Standard, d. h. in einer neuen Kunstform ergeben können. Die derart, zumal in den sogenannten Verfallszeiten, sich ergebenden Extravaganzen und Kruditäten der Kunst gehen in Wirklichkeit aus ihrem reichsten historischen Kräftezentrum hervor. Von solchen Barbarismen hat noch zuletzt der Dadaismus gestrotzt. Sein Impuls wird erst jetzt erkennbar. Der Dadaismus versuchte, die Effekte, die das Publikum heute im Film sucht, mit den Mitteln der Malerei (bzw. der Literatur) zu erzeugen.

Jede von Grund auf neue, bahnbrechende Erzeugung von Nachfragen wird über ihr Ziel hinausschießen. Der Dadaismus tut das in dem Grade, daß er die Marktwerte, die dem Film in so hohem Maße eignen, zugunsten bedeutsamerer Intentionen – die ihm selbstverständlich in der hier beschriebenen Gestalt nicht bewußt sind – opfert. Auf die merkantile Verwertbarkeit ihrer Kunstwerke legten die Dadaisten viel weniger Gewicht als auf ihre Unverwertbarkeit als Gegenstände kontemplativer Versenkung. Diese Unverwertbarkeit suchten sie nicht zum wenigsten durch eine grundsätzliche Entwürdigung ihres Materials zu erreichen. Ihre Gedichte sind „Wortsalat“, sie enthalten obszöne Wendungen und allen nur vorstellbaren Abfall der Sprache. Nicht anders ihre Gemälde, denen sie Knöpfe oder Fahrscheine aufmontierten. Was sie mit solchen Mitteln erreichen, ist eine rücksichtslose Vernichtung der Aura ihrer Hervorbringung, denen sie mit den Mitteln der Produktion das Brandmal einer Reproduktion aufdrücken. Es ist unmöglich, vor einem Bild von Arp oder einem Gedicht August Stramms sich wie vor einem Bild Derains oder einem Gedicht von Rilke Zeit zur Sammlung und Stellungnahme zu lassen. Der Versenkung, die in der Entartung des Bürgertums eine

Schule asozialen Verhaltens wurde, tritt die Ablenkung als eine Spielart sozialen Verhaltens gegenüber[27]. In der Tat gewährleisteten die dadaistischen Kundgebungen eine recht vehemente Ablenkung, indem sie das Kunstwerk zum Mittelpunkt eines Skandals machten. Es hatte vor allem einer Forderung Genüge zu leisten: öffentliches Ärgernis zu erregen.

Aus einem lockenden Augenschein oder einem überredenden Klanggebilde wurde das Kunstwerk bei den Dadaisten zu einem Geschoß. Es stieß dem Betrachter zu. Es gewann eine taktile Qualität. Damit hat es die Nachfrage nach dem Film begünstigt, dessen ablenkendes Element ebenfalls in erster Linie ein taktiles ist, nämlich auf dem Wechsel der Schauplätze und Einstellungen beruht, welche stoßweise auf den Beschauer eindringen. Man vergleiche die Leinwand, auf der der Film abrollt, mit der Leinwand, auf der sich das Gemälde befindet. Das letztere lädt den Betrachter zur Kontemplation ein; vor ihm kann er sich seinem Assoziationsablauf überlassen. Vor der Filmaufnahme kann er das nicht. Kaum hat er sie ins Auge gefaßt, so hat sie sich schon verändert. Sie kann nicht fixiert werden. Duhamel, der den Film haßt und von seiner Bedeutung nichts, aber manches von seiner Struktur begriffen hat, verzeichnet diesen Umstand mit der Notiz: „Ich kann schon nicht mehr denken, was ich denken will. Die beweglichen Bilder haben sich an den Platz meiner Gedanken gesetzt."[28] In der Tat wird der Assoziationsablauf dessen, der diese Bilder betrachtet, sofort durch ihre Veränderung unterbrochen. Darauf beruht die Chockwirkung des Films, die wie jede Chockwirkung durch gesteigerte Geistesgegenwart aufgefangen sein will29. Kraft seiner technischen Struktur hat der Film die physische Chockwirkung, welche der Dadaismus gleichsam in der moralischen

noch verpackt hielt, aus dieser Emballage befreit[30].

---

[26] „Das Kunstwerk", sagt Andrè Breton, hat Wert nur insofern als es von Reflexen der Zukunft durchzittert wird." In der Tat steht jede ausgebildete Kunstforrn im Schnittpunkt dreier Entwicklungslinien. Es arbeitet nämlich einmal die Technik auf eine bestimmte Kunstform hin. Ehe der Film auftrat, gab es Photobüchlein, deren Bilder durch einen

Daumendruck schnell am Beschauer vorüberflitzend, einen Boxkampf oder ein Tennismatch vorführten; es gab die Automaten in den Bazaren, deren Bilderablauf durch eine Drehung der Kurbel hervorgerufen wurde. – Es arbeiten zweitens die überkommenen Kunstformen in gewissen Stadien ihrer Entwicklung angestrengt auf Effekte hin, welche später zwanglos von der neuen Kunstforrn erzielt werden. Ehe der Film zur Geltung kam, suchten die Dadaisten durch ihre Veranstaltungen eine Bewegung ins Publikum zu bringen, die ein Chaplin dann auf natürlichere Weise hervorrief. – Es arbeiten drittens oft unscheinbare, gesellschaftliche Veränderungen auf,eine Veränderung der Rezeption hin, die erst der neuen Kunstform zugute kommt. Ehe der Film sein Publikum zu bilden begonnen hatte, wurden im Kaiserpanorama Bilder (die bereits aufgehört hatten, unbeweglich zu sein) von einem versammelten Publikum rezipiert. Dieses Publikum befand sich vor einem Paravant, in dem Stereoskope angebracht waren, deren auf jeden Besucher eines kam. Vor diesen Stereoskopen erschienen automatisch einzelne Bilder, die kurz verharrten und dann anderen Platz machten. Mit ähnlichen Mitteln mußte noch Edison arbeiten, als er den ersten Filmstreifen (ehe man eine Filmleinwand und das Verfahren der Projektion kannte) einem kleinen Publikum vorführte, das in den Apparat hineinstarrte, in welchem die Bilderfolge abrollte. – übrigens kommt in der Einrichtung des Kaiserpanoramas besonders klar eine Dialektik der Entwicklung zum Ausdruck. Kurz ehe der Film die Bildbetrachtung zu einer kollektiven macht, kommt vor den Stereoskopen dieser schnell veralteten Etablissements die Bildbetrachtung durch einen Einzelnen noch einmal mit derselben Schärfe zur Geltung wie einst in der Betrachtung des Götterbilds durch den Priester in der cella.

[27] Das theologische Urbild dieser Versenkung ist das Bewußtsein, allein mit seinem Gott zu sein. An diesem Bewußtsein ist in den großen Zeiten des Bürgertums die Freiheit erstarkt, die kirchliche Bevormundung abzuschütteln. In den Zeiten seines Niedergangs mußte das gleiche Bewußtsein der verborgenen Tendenz Rechnung tragen, diejenigen Kräfte, die der Einzelne im Umgang mit Gott ins Werk setzt, den

Angelegenheiten des Gemeinwesens zu entziehen. 28 Georges Duhamel: Scènes de la vie future. 2e éd., Paris 1930, P. 52.

[29] Der Film ist die der gesteigerten Lebensgefahr, der die Heutigen ins Auge zu sehen haben, entsprechende Kunstform. Das Bedürfnis, sich Chockwirkungen auszusetzen, ist eine Anpassung der Menschen an die sie bedrohenden Gefahren. Der Film entspricht tiefgreifenden Veränderungen des Apperzeptionsapparates – Veränderungen, wie sie im Maßstab der Privatexistenz jeder Passant im Großstadtverkehr, wie sie im geschichtlichen Maßstab jeder heutige Staatsbürger erlebt.

[30] Wie für den Dadaismus sind dem Film auch für den Kubismus und Futurismus wichtige Aufschlüsse abzugewinnen. Beide erscheinen als mangelhafte Versuche der Kunst, ihrerseits der Durchdringung der Wirklichkeit mit der Apparatur Rechnung zu tragen. Diese Schulen unternahmen ihren Versuch, zum Unterschied vom Film, nicht durch Verwertung der Apparatur für die künstlerische Darstellung der Realität, sondern durch eine Art von
Legierung von dargestellter Wirklichkeit und dargestellter Apparatur. Dabei spielt die vorwiegende Rolle im Kubismus die Vorahnung von der Konstruktion dieser Apparatur, die auf der Optik beruht; im Futurismus die Vorahnung der Effekte dieser Apparatur, die im rapiden Ablauf des Filmbands zur Geltung kommen.

## XV

Die Masse ist eine matrix, aus der gegenwärtig alles gewohnte Verhalten Kunstwerken gegenüber neugeboren hervorgeht. Die Quantität ist in Qualität umgeschlagen: Die sehr viel größeren Massen der Anteilnehmenden haben eine veränderte Art des Anteils hervorgebracht. Es darf den Betrachter nicht irre machen, daß dieser Anteil zunächst in verrufener Gestalt in Erscheinung tritt. Doch hat es nicht an solchen gefehlt, die sich mit Leidenschaft gerade an diese oberflächliche Seite der Sache gehalten haben. Unter diesen hat Duhamel sich am radikalsten geäußert. Was er dem Film vor allem verdenkt, ist die Art des Anteils, welchen er bei den Massen erweckt. Er nennt den Film „einen Zeitvertreib für

Heloten, eine Zerstreuung für ungebildete, elende, abgearbeitete Kreaturen, die von ihren Sorgen verzehrt werden ... ein Schauspiel, das keinerlei Konzentration verlangt, kein Denkvermögen voraussetzt . . ., kein Licht in den Herzen entzündet und keinerlei andere Hoffnung erweckt als die lächerliche, eines Tages in Los Angeles „Star" zu werden."[31] Man sieht, es ist im Grunde die alte Klage, daß die Massen Zerstreuung suchen, die Kunst aber vom Betrachter Sammlung verlangt. Das ist ein Gemeinplatz. Bleibt nur die Frage, ob er einen Standort für die Untersuchung des Films abgibt. – Hier heißt es, näher zusehen. Zerstreuung und Sammlung stehen in einem Gegensatz, der folgende Formulierung erlaubt: Der vor dem Kunstwerk sich Sammelnde versenkt sich darein; er geht in dieses Werk ein, wie die Legende es von einem chinesischen Maler beim Anblick seines vollendeten Bildes erzählt. Dagegen versenkt die zerstreute Masse ihrerseits das Kunstwerk in sich. Am sinnfälligsten die Bauten. Die Architektur bot von jeher den Prototyp eines Kunstwerks, dessen Rezeption in der Zerstreuung und durch das Kollektivum erfolgt. Die Gesetze ihrer Rezeption sind die lehrreichsten.

Bauten begleiten die Menschheit seit ihrer Urgeschichte. Viele Kunstformen sind entstanden und sind vergangen. Die Tragödie entsteht mit den Griechen, um mit ihnen zu verlöschen und nach

Jahrhunderten nur ihren „Regeln“ nach wieder aufzuleben. Das Epos, dessen Ursprung in der Jugend der Völker liegt, erlischt in Europa mit dem Ausgang der Renaissance. Die Tafelmalerei iSt eine Schöpfung des Mittelalters, und nichts gewährleistet ihr eine ununterbrochene Dauer. Das Bedürfnis des Menschen nach Unterkunft aber ist beständig. Die Baukunst hat niemals brach gelegen. Ihre Geschichte ist länger als die jeder anderen Kunst und ihre Wirkung sich zu vergegenwärtigen von Bedeutung für jeden Versuch, vom Verhältnis der Massen zum Kunstwerk sich Rechenschaft abzulegen. Bauten werden auf doppelte Art rezipiert: durch Gebrauch und durch Wahrnehmung. Oder besser gesagt:

taktil und optisch. Es gibt von solcher Rezeption keinen Begriff, wenn man sie sich nach Art der gesammelten vorstellt, wie sie z. B. Reisenden vor berühmten Bauten geläufig ist. Es besteht nämlich auf der taktilen Seite keinerlei Gegenstück zu dem, was auf der optischen die Konternplation ist.

Die taktile Rezeption erfolgt nicht sowohl auf dem Wege der Aufmerksamkeit als auf dem der Gewohnheit. Der Architektur gegenüber bestimmt diese letztere weitgehend sogar die optische Rezeption. Auch sie findet von Hause aus viel weniger in einem gespannten Aufmerken als in einem beiläufigen Bemerken statt. Diese an der Architektur gebildete Rezeption hat aber unter gewissen Umständen kanonischen Wert. Denn: Die Aufgaben, welche in geschichtlichen Wendezeiten dem menschlichen Wahrnehmungsapparat gestellt werden, sind auf dem Wege der bloßen Optik, also der Kontemplation, gar nicht zu lösen. Sie werden allmählich nach Anleitung der taktilen Rezeption, durch Gewöhnung, bewältigt.

Gewöhnen kann sich auch der Zerstreute. Mehr: gewisse Aufgaben in der Zerstreuung bewältigen zu können, erweist erst, daß sie zu lösen einem zur Gewohnheit geworden ist. Durch die Zerstreuung, wie die Kunst sie zu bieten hat, wird unter der Hand kontrolliert, wie weit neue Aufgaben der Apperzeption lösbar geworden sind. Da im übrigen für den Einzelnen die Versuchung besteht, sich solchen Aufgaben zu entziehen, so wird die Kunst deren schwerste und wichtigste da angreifen, wo sie Massen mobilisieren kann. Sie tut es gegenwärtig im Film.

Die Rezeption in der Zerstreuung, die sich mit wachsendem Nachdruck auf allen Gebieten der Kunst bemerkbar macht und das Symptom von tiefgreifenden Veränderungen der Apperzeption ist, hat am Film ihr eigentliches Übungsinstrument. In seiner Chockwirkung kommt der Film dieser Rezeptionsform entgegen. Der Film drängt den Kultwert nicht nur dadurch zurück, daß er das Publikum in eine begutachtende Haltung bringt, sondern auch dadurch, daß die begutachtende Haltung im Kino Aufmerksamkeit nicht einschließt. Das Publikum ist ein Examinator, doch ein zerstreuter.

—

[31] Duhamel. 1. c. (S. 503". p. 58

## Nachwort

Die zunehmende Proletarisierung der heutigen Menschen und die zunehmende Formierung von Massen sind zwei Seiten eines und desselben Geschehens. Der Faschismus versucht, die neu entstandenen proletarisierten Massen zu organisieren, ohne die Eigentumsverhältnisse, auf deren Beseitigung sie hindrängen, anzutasten. Er sieht sein Heil darin, die Massen zu ihrem Ausdruck (beileibe nicht zu ihrem Recht) kommen zu lassen[32]. Die Massen haben ein Recht auf Veränderung der Eigentumsverhältnisse; der Faschismus sucht ihnen einen Ausdruck in deren Konservierung zu geben. Der Faschismus läuft folgerecht auf eine Ästhetisierung des politischen Lebens hinaus. Der Vergewaltigung der Massen, die er im Kult eines Führers zu Boden zwingt, entspricht die Vergewaltigung einer Apparatur, die er der Herstellung von Kultwerten dienstbar macht.

Alle Bemühungen um die Ästhetisierung der Politik gipfeln in einem Punkt. Dieser eine Punkt ist der Krieg. Der Krieg, und nur der Krieg, macht es möglich, Massenbewegungen größten Maßstabs unter Wahrung der überkommenen Eigentumsverhältnisse ein Ziel zu geben. So formuliert sich der Tatbestand von der Politik her. Von der Technik her formuliert er sich folgendermaßen: Nur der Krieg macht es möglich, die sämtlichen technischen Mittel der Gegenwart unter Wahrung der Eigentumsverhältnisse zu mobilisieren. Es ist selbstverständlich, daß die Apotheose des Krieges durch den Faschismus sich nicht dieser Argumente bedient. Trotzdem ist ein Blick auf sie lehrreich. In Marinettis Manifest zum äthiopischen Kolonialkrieg heißt es: „Seit siebenundzwanzig Jahren erheben wir Futuristen uns dagegen, daß der Krieg als antiästhetisch bezeichnet wird ... Demgemäß stellen wir fest: ...

Der Krieg ist schön, weil er dank der Gasmasken, der schreckenerregenden Megaphone, der Flammenwerfer und der kleinen Tanks die Herrschaft des Menschen über die unterjochte Maschine begründet. Der Krieg ist schön, weil er die erträumte Metallisierung des menschlichen Körpers inauguriert. Der Krieg ist schön, weil er eine blühende Wiese um die feurigen Orchideen der Mitrailleusen bereichert. Der Krieg ist schön, weil er das Gewehrfeuer, die Kanonaden, die Feuerpausen, die Parfums und Verwesungsgerüche zu einer Symphonie vereinigt. Der Krieg ist schön, weil er neue Architekturen, wie die der großen Tanks, der geometrischen Fliegergeschwader, der Rauchspiralen aus brennenden Dörfern und vieles andere schafft ... Dichter und Künstler des Futurismus erinnert Euch dieser Grundsätze einer Ästhetik des Krieges, damit Euer Ringen um eine neue Poesie und eine neue Plastik ... von ihnen erleuchtet werde!“[33]

Dieses Manifest hat den Vorzug der Deutlichkeit. Seine Fragestellung verdient von dem Dialektiker übernommen zu werden. Ihm stellt sich die Ästhetik des heutigen Krieges folgendermaßen dar: wird die natürliche Verwertung der Produktivkräfte durch die Eigentumsordnung hintangehalten, so drängt die Steigerung der technischen Behelfe, der Tempi, der Kraftquellen nach einer unnatürlichen. Sie findet sie im Kriege, der mit seinen Zerstörungen den Beweis dafür antritt, daß die Gesellschaft nicht reif genug war, sich die Technik zu ihrem Organ zu machen, daß die Technik nicht ausgebildet genug war, die gesellschaftlichen Elementarkräfte zu bewältigen. Der imperialistische Krieg ist in seinen grauenhaftesten Zügen bestimmt durch die Diskrepanz zwischen den gewaltigen Produktionsmitteln und ihrer unzulänglichen Verwertung im Produktionsprozeß (mit anderen Worten, durch die Arbeitslosigkeit und den Mangel an Absatzmärkten). Der imperialistische Krieg ist ein Aufstand der Technik, die am „Menscbenmaterial" die Ansprüche eintreibt, denen die Gesellschaft ihr natürliches Material entzogen hat. Anstatt Flüsse zu kanalisieren, lenkt sie den Menschenstrom in das Bett ihrer Schützengräben, anstatt Saaten aus ihren Aeroplanen zu streuen, streut sie Brandbomben über die Städte hin, und im Gaskrieg hat sie ein Mittel gefunden, die Aura auf neue Art abzuschaffen. „Fiat ars – pereat mundus“ sagt der Faschismus und erwartet die künstlerische Befriedigung der von der Technik veränderten Sinneswahrnehmung, wie Marinetti bekennt, vom Kriege. Das ist offenbar die Vollendung des l'art pour l'art Die Menschheit, die einst bei Homer ein Schauobjekt für die Olympischen Götter war, ist es nun für sich selbst geworden. Ihre Selbstentfremdung hat jenen Grad erreicht, der sie ihre eigene Vernichtung als ästhetischen Genuß ersten Ranges erleben läßt. So steht es um die Ästhetisierung der Politik, welche der Faschismus betreibt. Der Kommunismus antwortet ihm mit der Politisierung der Kunst.

[32] Hier ist, besonders mit Rücksicht auf die Wochenschau, deren propagandistische Bedeutung kaum überschätzt werden kann, ein technischer Umstand von Wichtigkeit. Der massenweisen Reproduktion kommt die Reproduktion von Massen besonders entgegen. In den großen Festaufzügen, den Monstreversammlungen, in den Massenveranstaltungen sportlicher Art und im Krieg, die heute sämtlich der Aufnahmeapparatur zugeführt werden, sieht die Masse sich selbst ins Gesicht. Dieser Vorgang, dessen Tragweite keiner Betonung bedarf, hängt aufs engste mit der Entwicklung der Reproduktions bzw. Aufnahmetechnik zusammen. Massenbewegungen stellen sich im allgemeinen der Apparatur deutlicher dar als dem Blick. Kaders von Hunderttausenden lassen sich von der Vogelperspektive aus am besten erfassen. Und wenn diese Perspektive dem menschlichen Auge ebensowohl zugänglich ist wie der Apparatur, So ist doch an dem Bilde, das das Auge davonträgt, die Vergrößerung nicht möglich, welcher die Aufnahme unterzogen wird. Das heißt, daß Massenbewegungen, und so auch der Krieg, eine der Apparatur besonders entgegenkommende Form des menschlichen Verhaltens darstellen.

[33] cit. La Stampa Torino.